歷代統紀表

四部備要

史部

上海中華書局據自刻本校刊

桐鄉 陸費逵總勘
杭縣 高時顯
吳汝霖輯校
杭縣 丁輔之監造

歷代統紀表卷之六

偃師段長基述　男揞書編次　孫鼎鑰鼎鈞校刊

晉

晉世祖武皇帝

姓司馬氏名炎昭之子都洛陽在位二十五年壽五十五歲

庚子　太康元年

春諸軍並進吳丞相張悌迎戰死之三月龍驤將軍王濬以舟師入石頭吳主皓降

夏四月賜孫皓爵

僭國

兩晉之間前後僭位于北方者十八國總計二趙三秦五燕五涼成夏而拓拔之代魏不與焉北燕高雲與魏冉閔弒逆不終西燕六主自戕殺皆不成國餘十六國附見晉書

二趙　劉淵匈奴人自謂漢甥冒姓劉氏晉武帝命爲匈奴五部長自稱大單于據平陽稱漢後改趙是爲前趙劉曜徙都長安凡傳國二十五年　石勒初爲盜後降漢漢劉淵以爲將軍據襄國滅劉曜仍稱趙是爲後趙凡四傳三十三年　附冉閔篡石

五燕　慕容廆鮮卑人據遼東自稱大單于其子皝稱王皝之子儁稱帝是爲前燕儁子暐爲秦苻堅滅之凡四傳六十四年　慕容垂皝第五子苻堅以爲將軍叛秦據中山稱帝是爲後燕凡四傳二十四年　慕容德皝少子後燕以爲冀州牧據滑臺偁帝後徙

代　拓拔魏之先世爲代自三國魏元帝景元二年拓拔力微遣子入貢徙居定襄之盛樂數傳至拓拔祿官益彊大後追諡昭帝其姪猗盧以晉懷帝封代公進爵代王迄于東晉孝武帝丙子凡四傳六十七年爲前秦所滅後拓拔珪復爲代王都盛樂改號魏是爲

三秦　蒲洪略陽氐人穆帝時據長安自稱三秦王其子健僭稱帝凡六主四十四年是爲前秦　姚弋仲赤亭羌據長安自稱扶風公至姚長據北地稱帝凡三主三十四年是爲後秦　乞伏國仁鮮卑人晉孝武時據金城稱王凡四主四十七年是爲西秦

五涼　張軌晉惠帝以爲梁州刺史據涼州稱涼公奉中國正朔至張茂降趙封涼王僭號凡九傳七十六年是爲前涼　呂光略陽氐人爲苻堅將叛據姑臧僭號稱帝是爲後涼　禿髮烏孤鮮卑別稱呂光以爲河西都統據廣武僭號稱帝凡四主十八年是爲南

成　李特巴西人晉惠帝以爲將軍據成都自稱益州牧僭號稱成王至李壽改國號漢凡六傳四十五年

夏　赫連勃勃匈奴人事苻堅爲安北將軍據朔方僭號稱帝都統萬國號夏凡三主二十五年

割據

楊

段

歸命侯遣使行荆揚除吳苛政 漢高入關除秦苛法世祖至河北除莽苛政于是書除吳苛政予晉以弔民之師也

封拜平吳功臣

冬十一月尚書胡威卒初置司州 是歲以司隸所統郡置司州凡州十九郡國百七十三戶二百四十五萬九千八百四十

辛丑 二年

春三月選吳伎妾五千人入宮

趙改國號魏據鄴國凡三年慕容儁滅之

廣固凡二主十三年是為南燕慕容泓儁子據華陰以東改元燕興高益之立慕容冲是為西燕馮跋後燕臣秣其主慕容熙立高雲又秣雲自立是為北燕凡二傳二十八年

二元魏之祖

涼 段業京兆人呂光以為建康太守據張掖稱涼王沮渠蒙遜篡之是為北涼凡二傳三十九年西涼李暠據燉煌遷治酒泉十二年子歆嗣宋永初元年為蒙遜所滅

冬十月

先書選公卿女矣又書取良家女矣皆譏也于是復書選吳伎妾晉武之志益荒矣終綱目書采選五晉武居三焉

二趙

五燕

鮮卑慕容涉歸寇昌黎

初鮮卑王莫護拔始自塞外入居遼東棘城之北見燕代多冠步搖冠好之遂襲冠焉諸部因呼爲步搖其後音訛轉爲慕容遂以爲氏號曰慕容部至孫涉歸遷于遼東之北世附中國數從征伐有功拜大單于至是始叛寇昌黎○自漢魏以來羌氏鮮卑降者多處之塞

代

三秦

五涼

成

夏

楊

段

內其後漸爲民患侍御史郭欽上疏切言戎狄不可久居內郡宜及平吳之威漸徙于邊地峻四夷出入之防不聽

壬寅 三年

春正月朔帝親祀南郊

以張華都督幽州軍事

冬十二月以齊王攸爲大司馬都督青州軍事

齊王德望日隆以荀勗馮紞等惡之故言于帝使出之國王渾甄德等切諫懇留之帝不聽

癸卯　四年

春三月齊王攸卒

夏琅琊王伷卒子覲嗣

書伷卒者詳東晉之世也

歸命侯皓卒

吳滅于是四年矣

甲辰　五年

春正月龍見武庫井中

乙巳　六年

春正月尚書左僕射劉毅卒以王渾爲尚書左僕

二趙

五燕

代

三秦

五涼

成　夏　楊　段

射

冬

慕容廆寇遼西

初慕容涉歸卒弟刪篡立至是刪爲其下所殺迎涉歸子廆立

丙午 七年

春正月朔日食

司徒魏舒罷

丁未 八年

春正月朔日食太廟殿陷

戊申 九年

春正月朔日食

夏六月朔日食

連歲三見綱目以來未之有也

	旱 秋八月星隕如雨 地震	己酉　十年 夏四月太廟成 冬十月復明堂及南郊五帝位	十一月尚書令荀勗卒 遣諸王假節之國督諸州軍事 封子孫六人爲
二趙			以劉淵爲匈奴北部都尉淵輕財好施傾心接物五部豪傑幽冀名儒多往歸之
五燕		慕容廆降以爲鮮卑都督鮮卑段國單于以女妻廆生皝仁昭廆以遼東僻遠徙徒河之青山	
代			
三秦			
五涼			
成　夏　楊　翟魏			

王

帝極意聲色遂至成疾楊駿忌汝南王亮以爲大司馬都督豫州軍事使鎮許昌又徙皇子南陽王柬爲秦王都督關中瑋爲楚王都督荊州允爲淮南王都督揚江二州諸軍事並假節之國立皇子乂爲長沙王穎爲成都王晏爲吳王熾爲豫章王演爲代王孫遹爲廣陵王

孝惠皇帝

名衷武帝子在位十七年壽四十八

庚戌 永熙元年 當書十一年分注惠帝永熙元年

謹按是年四月晉武帝崩歲首卽太康十一年也當依章武三年例以前爲正或曰愍帝亦四月卽位元帝三月卽晉王位夫何以後爲正乎曰不同也是年書太康十一年者正武帝之終明年書元康元年者正惠帝之始此綱目之正例也愍元二帝卽位之年卽書元年本春秋之法也魯昭公在外薨定公六月卽位故于歲首卽書元年晉懷帝永嘉五年漢人遷帝于平陽明年帝封爲會稽郡公晉已曠歲無君矣又明年被弒懷帝不得正其終而愍帝雖四月卽位故必

二趙	
五燕	
代	
三秦	
五涼	
成夏	
楊段	

于歲首追書建興之號至四年復降于漢愍帝又不得正其終明年三月元帝即晉王位亦必于歲首追書建武元年二者非惟本春秋之法抑所以正其統也

夏四月以楊駿爲太尉輔政帝崩太子衷即位尊皇后曰皇太后立皇后賈氏

晉武即位以來書除宗室禁錮書以傳玄等爲諫官書用故漢名臣子孫禁獻奇技異服往往有可觀者然暗于知子納妃賈氏而啓五王之禍敝于信讒疎斥齊王而失燕翼之謀昧于防患尊寵劉淵而基亂華之禍綱目每深惜而備書之蓋其以位爲樂無深長思是以晉運方新而災異狎至書日食十有七而食正朔者五書水災四而連數州者二書星變四而孛紫宮者再又書大疫書螟書旱雖能開創帝業身歿而天下大亂宜矣

五月葬峻陽陵在河南府洛陽縣
以舅楊駿爲太傅大都督假黃鉞錄朝政百官總己以聽
秋八月立廣陵王遹爲太子琅琊王覲卒子睿嗣

以劉淵爲匈奴五部大都督

辛亥 元康元年
春三月皇后賈氏殺太傅楊駿廢皇太后爲庶人

二趙
五燕
代
三秦
五涼
成
夏
楊
段

徵汝南王亮爲太宰與太保衛瓘錄尙書事

夏六月皇后殺太宰亮太保瓘及楚王瑋

以賈模張華裴頠爲侍中並管機要

壬子

二年

春二月皇后賈氏弒故皇太后楊氏于金墉城

時太后尙有侍御十餘人賈后悉奪

年	晉	二趙	五燕	代	三秦	五涼	成夏楊段
	之絕膳八日而卒						
癸丑 三年	夏六月弘農雨雹（深三尺）						
甲寅 四年	大饑 司隸校尉傅咸卒		慕容廆徙居大棘城				
乙卯 五年	夏六月東海雨雹（深五寸） 荊揚兗豫青徐州大水						

冬十月武庫火

焚累代之寶及二百萬人器械

丙辰 六年

春以張華爲司空

冬十二月

索頭分其國爲三部

一居上谷祿官自統之一居代郡使兄子猗㐌統之一居定襄之盛樂使猗㐌弟猗盧統之

略陽氐楊茂搜據仇池

初略陽清水氐楊駒始居仇池仇池方百頃四面斗絕蟠道三十六回而上至其孫千萬附于魏封爲百頃王千萬孫飛龍徙

		丁巳	戊午	己未
		七年 秋九月以王戎爲司徒	八年 秋九月荊豫徐揚冀州大水	九年 春正月以成都王
二趙				
五燕				
代		索頭猗㐌西略諸國猗㐌渡漢北巡西略諸國降附三十餘國		
二秦				
五涼				
成 夏				
楊 段	居略陽以其甥令狐茂搜爲子茂搜避齊萬年之亂帥部落還保仇池關中人士多依之稱氏王二十二年傳難敵			

潁爲平北將軍鎭鄴河閒王顒爲鎭西將軍鎭關中

冬十一月朔日食

十二月廢太子遹爲庶人

賈后無子立遹爲太子至是廢之

庚申

永康元年

春正月幽故太子遹于許昌

三月尉氏雨血妖星見南方太白晝見中台星坼

皇后殺故太子遹
夏四月朔日食
趙王倫廢皇后賈氏爲庶人殺之遂殺司空張華僕射裴頠自爲相國追復故太子位號
五月立臨淮王臧爲皇太孫
秋八月淮南王允討趙王倫不克而死
趙王倫殺黃門郎潘岳衞尉石

二趙

五燕

代

三秦

五涼

成 夏 楊 段

崇等以齊王冏
爲平東將軍鎮
許昌
趙王倫自加九
錫
冬十一月立皇后
羊氏后尚書郎元之之女秀之黨也

辛酉永寧元年
春正月趙王倫自
稱皇帝遷帝于
金墉城殺太孫
臧
三月齊王冏及成
都王穎河間王

以張軌爲涼州刺史

顒等舉兵討倫倫遣兵拒之

閏月朔日食

自正月至于是月五星互經天縱橫無常

夏四月成都王穎擊敗倫兵帥師濟河左衛將軍王輿等迎帝復位倫伏誅

六月以齊王冏爲大司馬輔政成都王穎爲大將軍河間王顒爲

二趙

五燕

代

三秦

五涼

成 夏 楊 段

太尉各還鎮

齊王冏入洛甲士數十萬威震京師詔以爲大司馬加九錫備物典策如宣景文武輔魏故事成都王穎爲大將軍都督中外諸軍事假黃鉞錄尚書事加九錫河間王顒爲侍中太尉常山王乂爲撫軍大將軍齊成都河間三府各置掾四十人武號森列文官備員而已識者知兵之未戢也

冬十月

李特據廣漢進攻成都

李特李庠兄弟巴氐人兄弟至蜀聚衆爲盜初賈后之姻親趙

	（前欄）	壬戌
		太安元年 夏立清河王覃為皇太子 武帝孫方八歲 冬十二月河間王顒使長沙王乂殺齊冏 按晉室八王相繼誅死八王者亮顒
二趙		
五燕		鮮卑宇文部圍棘城慕容廆擊破之
代		
三秦		
五涼		
成　夏	廞為益州刺史柏與善因李庠勸廞稱尊號廞以為大逆斬之特怨廞攻殺之詔以羅尚為益州刺史又以特弟驤為騎督至是李特據廣漢攻成郡	
楊　段		

倫瑋乂允穎冏也
賈后徵亮爲太宰
亮頗專賈后惡之
使帝作手詔命瑋
收亮弁衛瓘斬之
張華慮瑋擅朝權
又勸賈后收瑋斬
之倫矯詔收賈后
賜死弁殺張華裴
顧以除朝望于是
倫有異志自爲相
國已而允帥師討
倫帝倫殺允篡位
遷帝于金墉城未
幾冏穎顒乂等討
倫倫大敗遂賜死
帝復位冏輔政驕
奢擅權穎乃表冏
罪請乂廢冏以穎
輔政穎亦特功驕
奢嫌乂在內遂與
顒共攻乂乂奉帝
拒之已而東海王
越收乂殺之于是
穎與顒表裏爲奸
越因討穎戰于蕩

癸亥 二年

春二月

陰越敗績帝頰中三矢嵇紹朝服登輦以身衛帝因被殺血濺帝衣穎迎帝入鄴左右欲浣衣帝曰嵇侍中血勿浣也未幾東嬴公騰越弟起兵討穎穎勢窮顒乃廢穎穎既而穎顒並被殺凡八年中八王皆死

陳留王曹奐卒晉人葬之謚曰魏元皇帝

自廢至是三十八年矣

二趙

五燕

代

二秦

五涼

成 夏 楊 段

羅尚大破李特斬之李流代領其衆

夏五月

秋河間王顒成都王穎舉兵反九月帝自將討穎穎將張方入城大掠

冬十月長沙王乂奉帝及穎兵戰于建春門大破之

十一月長沙王乂奉帝討張方不克穎進兵逼京

李雄攻陷郫城 雄特之子也

李流死雄代領其衆

師詔雍州刺史劉沈討顒戰敗死之

閏十二月

二趙 五燕 代 三秦 五涼 成 夏 楊 段

李雄攻走羅尚遂入成都

封鮮卑段務勿塵爲遼西公

幽州都督王浚以天下方亂欲結援夷狄乃以一女妻務勿塵一女妻宇文蘇怒延又表以遼西郡封務勿塵○浚沈之子也

甲子　永興元年是歲僭國二

春正月東海王越使張方殺長沙王乂穎入京師自立爲丞相尋還鎮鄴東海王越踈屬也

二月穎廢皇后羊氏及太子覃顒表穎爲皇太弟自爲太宰雍州牧

漢劉淵元熙初年

成李雄建興初年

秋七月東海王越奉帝征穎復皇后太子穎遣兵拒戰蕩陰侍中嵇紹死之帝遂入鄴越走歸國幽州都督王浚并州刺史東嬴公騰起兵討穎（騰越之弟也）

八月穎殺東安王繇琅琊王睿走歸國（睿繇兄子也）張方復入京城

二趙

劉淵自稱大單于（初穎表匈奴左賢王劉淵監五部軍事使將兵在鄴既而淵從）

五燕

代

三秦

五涼

成

夏

楊

段

廢皇后太子幽并兵至鄴穎奉帝還洛陽浚大掠鄴中而還

祖宣與其族人謀立淵爲大單于穎不許歸淵假歸說五部赴國難之諭以二部擢東嬴之兵三部梟王浚之首穎悅拜淵爲北單于參丞相軍事淵至左國城劉宣等上大單于之號二旬之間有衆五萬都于離石

冬十月

劉淵自稱漢王

謂羣臣曰吾漢之甥也約爲兄弟兄亡弟紹不亦可乎乃建國號曰漢

十一月張方遷帝于長安僕射荀

李雄自稱成都王

雄以苑長生有名德欲迎以爲君長生不可雄遂即王位

藩立留臺于洛陽復皇后羊氏

方擁帝及穎豫章王熾等趨長安顒迎于霸上以征西府爲宮唯荀藩及司隸劉暾等在洛陽爲留臺承制行事復稱永安立羊后號東西臺

乙丑 二年

十二月太宰顒廢太弟穎更立豫章王熾爲皇太弟

帝兄弟二十五人時存者唯穎熾及吳王晏

漢元熙二年	漢寇太原西河郡
二趙	
五燕	
代	
三秦	
五涼	
成 夏	
楊 段	

夏四月張方復廢
皇后
羊后于是三廢矣
秋七月東海王越自領徐州都督傳檄討張方
八月東海王越范陽王虓發兵西豫州刺史劉喬拒之太宰顒遣張方助喬冬十月襲虓破之
十二月成都王穎據洛陽
范陽王虓自領

冀州刺史擊潁將石超斬之劉喬衆潰東海王越進屯陽武王浚遣將祁宏助之

丙寅 光熙元年

春正月朔日食
太宰顒殺張方
成都王穎奔長安

東海王越之起兵也使人說顒令奉帝還洛約與分陝為伯顒欲從之張

二趙	漢元熙三年
五燕	
代	
三秦	
五涼	
成 夏 楊 段	成晏平初年

方止之及劉喬敗顒懼誘方殺之送首于越以請和越不許遣祁宏西迎車駕

夏四月東海王越進屯温遣祁宏入長安奉帝東還

六月至洛陽復羊后

秋七月朔日食

八月以東海王越爲太傅錄尚書事以范陽王虓爲司空鎮鄴

成都王雄稱成皇帝

九月頓邱太守馮嵩執成都王穎送鄴
冬十月范陽王虓卒長史劉輿誅穎
十一月帝中毒崩太弟熾卽位尊皇后曰惠皇后立妃梁氏爲皇后
帝食餅中毒或曰太傅越之鴆也
十二月朔日食
一歲三食綱目一千三百六十一年

二趙

五燕

代

二秦

五涼

成

夏

楊

段

一書而已矣

南陽王模誅河間王顒

葬太陽陵 在洛陽境內

綱目發明晉惠庸愚晉武非不知之特因其子遹幼慧故不肯別立他子遂使禍亂交作四海分崩綱目于惠帝初無貶詞然今年書弑太后明年書殺太子又明年書遷帝于金墉書廢皇后太子至于乂奉帝討張方也越奉帝征穎也張方還帝長安也祁宏奉帝東還也欲東而東欲西而西如嬰兒玩弄于股掌之上豈可以爲君哉是以始焉不保太后次焉不保妻子終焉不保其身

孝懷皇帝 名熾惠帝弟在位六年被劉聰執而弑之

丁卯 永嘉元年

漢元熙四年

春三月立清河王覃弟詮爲皇太子

太傅越出鎮許昌

帝親覽大政留心庶事越不悅固求出藩

以南陽王模都督秦雍等州軍事

夏五月

羣盜汲桑石勒入鄴殺都督新蔡王騰

石勒上黨武鄉羯人

二趙　五燕　代　三秦　五涼　成　夏　楊　段

秋七月以琅琊王睿為安東將軍

有膽力善騎射并州大飢東嬴公騰執諸胡于山東賣充軍實勒亦被掠賣為茌平人師懽奴懽家鄰于馬牧勒與牧師汲桑為盜及成都王穎廢河北人多憐之其故將公師藩自稱將軍起兵趙魏勒與桑赴之及藩死桑逃還苑中更聚眾聲言為成都王報仇以石勒為前驅進攻鄴時鄴中空嬰而新蔡王騰富而客桑遂入鄴燒毀宮室大掠而去

石勒降漢

勒與桑攻兗州太傅越遣苟晞

都督揚州諸軍事鎮建業
睿至建業以王導爲謀主推心親信每事咨焉

冬十一月朔日食
以王衍爲司徒
太傅越自領兗州牧徙茍晞爲青州刺史

戊辰 二年
春正月朔日食

二趙
討之晞追擊桑破其八壘桑奔馬牧爲人所殺勒降漢漢淵以勒爲護漢將軍平晉王

王彌及其黨劉靈降漢

漢永鳳初年
劉聰據太行石勒下趙魏王浚擊勒破之

五燕
慕容廆自稱鮮卑大單于

代
拓拔祿官卒
弟猗盧總攝三部與慕容廆通好

三秦

五涼

成 夏 楊 段

聰驍勇絕人博涉經史善屬文彎弓三百斤弱冠遊京師名士莫不與交

二月太傅越殺清河王覃

夏五月漢王彌寇洛陽張軌遣北宮純入衛擊走之

秋七月

漢徙都蒲子

漢王彌寇洛陽張軌遣北宮純入衛擊走之

張軌烏氏人涼州刺史詔封西平郡公辭不受時州郡之役莫有至者獨軌貢獻不絕奉中國正朔

冬十月

十二月

己巳 三年

春正月朔熒惑犯紫微

三月以山簡都督荊湘等州軍事

太傅越入京師殺中書令繆播帝舅王延等十

二趙	今以隰川縣省入汾屬平陽府	漢王淵稱皇帝	石勒劉靈寇魏汲頓邱	漢河瑞初年	漢徙都平陽	漢寇黎陽陷之	
五燕							
代							
三秦							
五涼							
成			成尚書令楊褒卒				
夏							
楊							
段							

餘人
以王衍爲太尉
太傅越使將軍何倫領國兵入宿衛
夏大旱
秋八月漢寇洛陽弘農太守垣延擊敗之
冬十月漢復寇洛陽北宮純擊敗之

	石勒寇鉅鹿常山寇壺關陷之	寇洛陽	復寇洛陽

庚午 四年

春正月漢寇徐豫兖冀諸郡琅琊王睿以周玘爲吳興太守

秋七月

冬十月漢寇洛陽遣使徵天下兵

	漢劉聰光興初年		
二趙	寇徐豫兖冀諸郡寇東平琅琊	漢主淵卒太子和立其弟聰弒而代之流民王如寇南陽以附漢	寇洛陽寇襄陽
五燕			
代			以拓拔猗盧爲大單
三秦		氐酋蒲洪自稱略陽公 洪略陽臨渭氐酋也驍勇多權略漢拜爲平遠將軍不受自稱秦州刺史略陽公	
五涼			
成			
夏			
楊			
段			

入援

漢石勒擊幷王如兵遂寇襄陽

于封代公

初匈奴劉猛死劉虎代領其衆居新興號鐵弗氏與白部鮮卑皆附于漢劉琨將討之遣使說拓拔猗盧以請兵猗盧使其弟弗之子鬱律助之遂破劉虎白部琨與猗盧結爲兄弟表爲大單于以代郡封之爲代公

十一月太傅越率兵討寇次于項

晉室之亂原于惠帝之庸愚肇于孽后之倡禍成于諸王之交攻葢至于太傅越之時亦已極矣前書漢寇洛

漢主聰殺其兄恭

自以越次而立忌其兄恭而殺之

漢太后單氏卒

單氏少美

陽是則賊勢已逼京師繼書召兵入援則是國勢已甚危急又況竟無一人至者越于是會無守衛根本之意乃率兵而出則是棄主與賊耳故書次于項則見其頓兵于外之意後不書卒于軍而書卒于項則見其不沒于王事之意

聰烝焉太弟乂以爲言單氏慚恚而死○乂單后之子也

辛未 五年

春正月琅琊王睿逐揚州都督周馥以王敦爲揚州刺史都督征

二趙 漢嘉平初年 曹嶷寇青州 石勒寇江夏陷之

五燕

代

三秦

五涼

成 成玉衡初年 寇陷涪梓潼

夏

楊

段

討諸軍事
三月太傅越卒于
項
以荀晞爲大將
軍督六州
夏五月漢人入寇
六月陷洛陽殺
太子詮遷帝于
平陽封平阿公
司空荀晞奉豫
章王端建行臺
于蒙城荀藩奉
秦王業趣許昌
端太子詮弟也荀
晞奉爲皇太子置
行臺徙屯蒙城秦
王業吳孝王晏之
子藩甥也年十二
南奔密藩等奉之

陷洛陽殺
太子詮遷
帝于平陽

以趣許昌

秋七月大司馬王浚自領尚書令設壇告類立皇太子

漢劉曜寇長安

南陽王模出降

曜斬之遂據長安模世子保保上邽

漢石勒陷蒙城執荀晞及豫章王端

冬十月馮翊太守索綝等擊敗漢兵于長安十二

二趙

劉曜寇長安殺南陽王模遂據長安

曜淵之族子生而白眉目有赤光聰慧而有膽量早孤養于淵及長儀貌魁梧性拓落高亮好讀書善屬文鐵厚一寸射而洞之劉聰重之以為漢武帝魏世祖之流

漢石勒誘王彌殺之

五燕

慕容廆擊破鮮卑素喜木丸部

代

三秦

五涼

成

夏

楊

段

月迎秦王業入雍城

壬申 六年

帝遷平陽踰年矣書六年存正統也帝未遇害秦王在雍正統固在矣

春正月

二月朔日食

琅琊王睿遣紀瞻討石勒于葛

漢嘉平二年

劉聰納劉殷二女爲貴嬪又納殷孫女四人爲貴人

鮮卑素喜連木丸津屢攻諸縣東夷校尉封釋不能討慕容廆聽其子翰之言討斬之

張軌遣兵詣長安

書遣兵尊輔秦王也

陂勒引兵退
漢封帝爲會稽郡公
夏雍州刺史賈疋古雅字等進圍長安劉曜敗走秦王業入長安
漢劉曜襲晉陽陷之劉琨奔常山
秋九月賈疋等奉秦王業爲皇太子建行臺
冬十月代公猗盧攻晉陽劉曜敗

二趙		石勒據襄國劉曜陷晉陽	
五燕			
代	猗盧攻晉陽劉曜敗		
三秦			
五涼			
成 夏 楊 段			

走猗盧追擊大敗之

十二月盜殺賈疋麴允領雍州刺史

王敦殺其兄荆州都督澄

走猗盧追擊大敗之

羌酋姚弋仲自稱扶風公

弋仲南安赤亭羌也東徙榆眉戎夏襁負隨者數萬後爲後秦

孝愍皇帝

名業吳王晏之子懷帝姪也即位長安在位四年降劉聰聰弒之

癸酉

建興元年

漢嘉平三年

春二月漢主劉聰弒帝于平陽庚

珉王儁死之

三月

夏四月太子業即位于長安索綝領太尉

五月以琅琊王睿為左丞相南陽王保為右丞相分督陝東西諸軍事

左丞相睿以祖逖為豫州刺史

王敦表陶侃為荊州刺史

二趙	劉聰立其貴嬪劉娥為后 石勒遣石虎攻陷鄴而據之
五燕	慕容廆攻段氏取徒河
代	
三秦	
五涼	
成 夏 楊 段	

冬十一月

劉曜寇長安麴允破走之

十二月左丞相睿遣世子紹鎮廣陵

石勒遣使奉表于王浚

浚謀稱尊號勒欲襲之未知虛實故遣王子春奉表于浚

代城盛樂及平城

代猗盧城盛樂爲北都故平城爲南都又作新平城于灅陽使六脩居之統領南部

甲戌 二年

漢嘉平四年

春正月有如日隕于地又有三日相承東行

石勒復遣使奉表于王浚

有流星隕于平陽北化爲肉

二月以張軌爲太尉涼州牧

三月

夏五月

六月漢寇長安索綝大破之

冬

二趙		石勒襲蒯陷之殺王浚師還		漢主聰以子粲爲相國
五燕				
代				
三秦				
五涼	張軌奉詔爲太尉涼州牧		太尉西平公張軌卒子寔嗣謚武穆詔寔仍爲西平公	
成				
夏 楊 段				

乙亥 三年

春二月以左丞相睿爲丞相都督中外諸軍事南陽王保爲相國劉琨爲司空

三月

夏六月盜發漢霸杜二陵

得金帛甚多亦可爲厚葬者戒

漢建元初年

立三后 聰納靳準二女月光月華立月光爲上皇后劉貴妃與月華爲左右后

進代公猗盧爵爲王

冬十月

五涼：張寔得璽獻之

涼州軍士得皇帝行璽獻于張寔寔曰是非人臣所得留歸之長安

丙子四年

春

二趙：漢麟嘉初年

代：代六修弒其君猗盧猗㐌子普根討之而立尋卒鬱律立

猗盧欲立少子比延乃出長子六修于新平城而黜其母六修來朝猗盧使拜比延不從盧怒

五涼：張寔遣兵入援

前張軌遣督護入衛矣又書張軌遣兵請長安矣于是復書張寔遣兵入援父子可謂能事君矣

二趙	五燕	代	三秦	五涼	成	夏	楊	段

夏六月朔日食

秋七月

冬十一月漢劉曜陷長安帝出降御史中丞吉朗死之漢封帝爲懷安侯

曜陷長安帝嘆曰誤我事者麴索二公也乘羊車出降吉朗嘆曰吾智不

劉聰立婢樊氏爲后

樊氏故張后侍婢也聰立三后矣又以婢爲之后而位上何以母儀一國況其父之婢乎乃

劉曜陷長安送帝于平陽聰封帝爲懷安侯以劉曜爲秦王假黃鉞都陝西

帥衆討之兵敗遂爲所弒

能謀勇不能死何忍君臣相隨北面事賊虜乎乃自殺

十二月朔日食

丞相睿出師露次移檄北征

當此晉室危蹙之時琅耶初無救援之志及聞其不守始出師露次移檄北征然亦卒不聞有征討之實則亦

康鏡溪云晉武帝廢魏主而自立名曰禪實篡也而吞吳幷蜀天下一統不得不以帝系紀之帝明達善謀能斷大事承魏代侈刻厲以恭儉平吳之後天下乂安遂怠于政術耽于遊宴寵愛后黨親貴當權既而寢疾彌留而楊后輒爲詔以楊駿輔政中朝之亂實始于斯惠帝戇騃不辨菽麥孽婦專恣八王搆難骨肉相殘至爲羯胡所笑眞和嶠所謂此坐可惜不了家事者也懷帝嗣立未幾因于劉聰愍帝守虛名于奔播之餘卒爲劉曜所降自是五部亂華割據中原而晉業遂偏安江左矣懷愍不能死國至爲虜行酒執蓋而卒不免死亦足羞也

二趙
五燕
代
三秦
五涼
成
夏
楊
段

張虛聲而已

中宗元皇帝

名睿瑯琊王覲之子都建康在位六年壽四十七歲

丁丑 建武元年 舊漢大國一成小國一新涼小國一是歲凡三僭國

漢麟嘉二年

春正月

三月丞相睿即晉王位立宗廟社稷

弘農守宋哲爲漢所攻棄郡奔建康

慕容廆與劉琨皆遣使勸進

嘉廆之能尊主知義也

前涼張寔建興五年

遣司馬韓璞將兵伐漢

晉	稱受愍帝詔令丞相睿統攝萬幾睿素服出次舉哀三日官屬上尊號不許固請睿慨然曰孤罪人也君見逼不已當歸瑯琊耳命駕將歸國請依魏晉故事稱晉王乃許之遂即位改元置百官立宗廟建社稷 夏四月 五月日食 六月豫冀青寧等州皆上表勸進 秋七月
二趙	聰殺其太弟乂 立子粲爲太子
五燕	
代	
三秦	
五涼	
成	
夏	
楊	
段	

冬十一月朔日食

以劉琨爲太尉

立太學

十二月漢主劉聰

弒帝于平陽辛

賓死之

戊寅 太興元年

春

劉琨段匹
磾討石勒
未行而罷

劉聰弒帝
于平陽

漢劉曜光初元年

遼西公段
疾陸眷卒

三月王即皇帝位

愍帝凶問至建康王斬衰居廬百官請上尊號不許紀瞻曰晉氏統絕于今二年兩都播蕩宗廟無主劉聰竊號于西北而陛下高讓于東南此所謂揖讓而救火也王猶不許令殿中將軍韓續撤御坐瞻叱續曰帝座上應列星敢動者斬王爲改容遂即皇帝位

立王太子紹爲皇太子

紹仁孝喜文辭善武藝好賢禮士與庾亮温嶠爲布衣之交

二趙

漢螽斯則百堂災

著聰滅也于是聰子死者二十一人

五燕

以慕容廆爲龍驤將軍大單于

代

三秦

五涼

張寔遣使上表

寔因南陽王保告急遣步騎二萬赴之軍于新陽聞愍帝崩保謀稱尊號張詵言于寔曰南陽忘大恥而亟欲自尊必不能成功晉王近親且有名德當帥天下奉之寔從之遣蔡忠奉表詣建康比至帝已即位然寔竟不用江東年號猶稱建興

成夏楊段

夏四月朔日食
以王導爲驃騎大將軍開府儀同三司
五月段匹磾殺太尉廣武侯劉琨
秋七月
冬十一月日夜出

漢主劉聰卒太子粲立八月靳準弒而代之石勒引兵討準冬十月劉曜自立于赤壁封勒爲趙公

成丞相范長生卒
長生博學多能年近百歲蜀人奉之如神

高三丈 前書有三日相承東行于是又書日夜出高三丈日之異莫甚于此者

十二月瑯琊王煥卒 煥鄭夫人之子時生二年矣

己卯二年 舊大國一成涼漢小國二新石趙大國一凡四僭國

春二月

二趙		漢將軍喬泰討斬準斬之	漢改號趙光初二年 後趙石勒初年	石勒獻捷于漢漢斬其使 勒遣王修獻捷于漢漢主曜遣使授勒太
五燕				
代				
三秦				
五涼				
成 夏 楊 段				

宰進爵趙王加殊禮修舍人曹平樂留仕漢言于曜曰勒遣修來實覘強弱俟其復命將襲乘輿曜乃追所遣使斬修于市勒大怒曰孤事劉氏人臣之職有加矣彼之基業皆孤所爲今既得志還欲相圖趙王趙帝孤自爲之何待於彼哉

三月合祭天地于南郊

尊琅琊恭王爲皇考既而罷之

賀循曰禮子不可以己爵加于父乃罷○元帝可謂能從諫矣

夏南陽王保自稱晉王

江東正位晉之社稷有奉矣而又必稱晉王是爭也

江東大饑詔百官言事

冬十一月

十二月

	夏	冬十一月	十二月
二趙	漢徙都長安立妃羊氏爲后子熙爲太子（羊氏卽惠帝后也）漢改號趙	石勒稱趙王（是爲後趙）	
五燕			宇文氏攻慕容廆廆大敗之遂取遼東遣長史裴嶷來獻捷
代			
三秦			蒲洪降趙
五涼			
成 夏 楊 段			

庚辰 三年

春三月

夏五月上邽諸將殺晉王保

冬十二月以譙王承爲湘州刺史 承帝之叔父也

趙光初三年 後趙二年

趙立太學

以慕容廆爲平州刺史

前涼張茂永元初年

涼州殺其刺史張寔寔弟茂代領其衆 寔子駿尚幼茂以駿爲世子

辛巳 四年

春三月日中有黑子

後趙陷幽冀幷州撫軍將軍幽州刺史段匹磾死之

匹磾戕害劉琨遂至人心不附迄爲羯賊所虜若無足取然磾本夷人竭誠晉室死不易守此亦君子之所嘉者

夏五月終南山崩

秋七月以王導爲司空錄尚書事

趙光初四年 後趙三年

後趙陷幽冀幷州段匹磾死之

後趙使石虎攻段匹磾于厭次文鴦出戰力盡被執罵賊不已匹磾謂虎曰我受晉恩志在滅汝不幸至此不能爲汝敬也匹磾不爲勒禮常著朝服持晉節久之與文鴦俱被殺

二趙

五燕

代

二秦

五涼

成

夏

楊

段

八月常山崩

九月豫州刺史祖逖卒以其弟約代之

壬午 永昌元年

春正月王敦舉兵反譙王承甘卓

趙光初五年 後趙四年

以慕容廆爲車騎將軍平州牧遼東公 詔聽廆承制除官僚于是置廆屬立子皝爲世子

代弒其君鬱律子賀傉嗣 拓拔猗㐌妻惟氏忌鬱律之強恐不利其子乃殺鬱律而立其子賀傉鬱律之子什翼犍幼在襁褓其母王氏匿于袴中祝之曰天苟存汝則勿啼久之不啼乃得免

楊難敵爲武都王

移檄討之敦分
兵寇長沙
封子昱爲琅琊
王
三月敦據石頭殺
驃騎將軍戴淵
尚書僕射周顗
夏四月敦陷長沙
譙王丞死之
五月敦殺甘卓
閏十一月帝崩司
空導受遺詔輔
政太子紹卽位
尊所生母荀氏爲建安君

綱目發明琅琊自督揚州一書遣紀瞻討石勒而已長安既陷然後出師
露次移檄北征故綱目病之然其卽位止稱晉王雖中外勸進弗從也愍

二趙　五燕　代　三秦　五涼　成　夏　楊　段

肅宗明皇帝（名紹元帝子在位三年壽二十七歲）

癸未　太寧元年

趙光初六年　後趙五年

春二月葬建平陵（在上元縣境內）

夏四月敦移屯姑孰自領揚州牧以王導爲司徒（敦謀簒位諷朝廷徵己帝手詔徵之敦移鎮姑孰屯于湖）

六月立皇后庾氏

帝遇害始正帝號亦庶乎知節者獨其無志遠略不能盡祖逖之才遂使河南終淪左衽惜哉

以庾亮爲中書監

不書后兄亮賢亮也與董重楊駿異矣

秋七月

八月敦表江西都督郗鑒爲尚書令

二趙	趙擊涼州張茂降趙封茂爲涼王 趙封故世子胤爲永安王 胤曜世子靳準之亂沒于黑匿郁鞠部禮而歸之	趙封姚弋仲爲平襄公	
五燕			
代			
三秦		姚弋仲趙封爲平襄公	
五涼	張茂趙封爲涼王 張茂城姑臧		
成			
夏			
楊			
段			

甲申 二年

春正月敦殺其從事周嵩周筵及會稽內史周札

夏五月

趙光初七年 後趙六年

成主雄立其兄子班為太子 雄以兄蕩乃先帝之嫡統有奇材大功而早世故立其子為太子

涼王張茂卒世子駿嗣 茂疾病執駿手泣曰吾家世以孝友忠順著稱晉室雖衰汝奉承之不可失也

	六月加司徒導大都督揚州刺史督諸軍討敦敦復反秋七月至江寧帝親征破之敦死衆潰其黨伏誅	乙酉 三年 春二月立子衍爲皇太子夏五月以陶侃都督荊湘等州軍事
二趙		趙光初八年 後趙七年 後趙石生寇河南司州降趙趙主曜擊生
五燕		
代	代王賀傉徙居東木根山	
三秦		
五涼		
成 夏 楊 段		

秋閏七月帝崩司徒導中書令庾亮尚書令卞壼受遺詔輔政太子衍卽位尊皇后爲皇太后太后臨朝稱制

葬武平陵在上元縣境內

冬十一月朔日食

十二月

大敗司豫徐兗皆陷于後趙		
		代王賀傉卒弟紇那嗣
		段遼弒其君牙而自立

顯宗成皇帝

名衍明帝子在位十七年壽二十二歲

丙戌 咸和元年

冬十月殺南頓王宗降封西陽王

趙光初九年 後趙八年

後趙使世子宏守鄴

二趙

五燕

代

三秦

五涼

成 夏 楊 段

綱目發明明帝卽位三年自王敦外不過立后太子及大臣除卒數事獨能奮發剛斷躬殄大憝可謂明也已矣

段氏自務勿塵以來日益強盛其地西接漁陽東界遼水所統胡晉三萬餘戶控弦四五萬騎末柸卒子牙代立至是疾陸眷之孫遼攻牙殺之而代之

羕爲弋陽縣王 宗室近屬羕先帝保傅

十一月後趙寇壽春歷陽內史蘇峻擊走之

丁亥 二年

夏五月朔日食

冬徵蘇峻爲大司

後趙寇壽春

趙光初十年 後趙九年

張駿遣兵攻趙趙擊敗之 駿聞趙兵爲後趙所敗乃去趙官爵復稱晉大將軍涼州牧攻趙趙擊敗之遂失河南之地

農峻與祖約舉兵反

十二月峻陷姑孰詔庾亮督諸軍討之宣城內史桓彝起兵赴難

戊子

三年

春正月温嶠以兵赴難至尋陽二月尚書令成陽公卞壼督軍討峻戰敗死之庾亮奔尋陽峻兵犯闕

二趙	趙光初十一年 後趙太和初年
五燕	
代	
三秦	
五涼	
成 夏 楊 段	

三月皇太后庾氏以憂崩峻南屯于湖葬明穆皇后

夏五月温嶠以陶侃入討峻峻遷帝于石頭郗鑒王舒來赴難峻分兵陷宣城內史桓彝死之

秋七月

九月陶侃温嶠討峻于石頭斬之

後趙攻壽春約衆潰奔歷陽

峻弟逸代領其衆

冬十二月

後趙王勒大破趙兵于洛陽獲趙主曜以歸殺之

己丑 四年 是歲趙亡大一小二凡三僭國

趙光初十二年
後趙太和二年

春正月冠軍將軍趙胤攻拔歷陽約奔後趙

約奔後趙趙太子熙奔上邽後趙取長安

二月諸軍討逸斬之及西陽王羕

二趙 五燕 代 三秦 五涼 成 夏 楊 段

羡附賊者也

三月以陶侃爲太尉郗鑒爲司空温嶠爲驃騎將軍開府儀同三司庾亮爲豫州刺史

夏四月驃騎將軍温嶠卒

秋八月

冬十二月

後趙石虎攻拔上邽殺趙太子熙取秦隴

代王紇那出奔宇文

年		石趙	五燕	代	三秦	五涼	成	夏	楊	段
庚寅 五年	春二月	趙建平初年 趙王勒稱趙天王以石虎為太尉封中山王 立世子弘為太子子宏為大單于中山公虎為太尉進爵為王虎怒私謂其子曰大單于當授我乃與黃吻小兒令人氣塞待主上晏駕後不復留遺種也		部翳槐立 翳槐鬱律之子也						

夏五月詔太尉侃兼督江州侃遂移鎮武昌

夏六月

秋九月

趙誅祖約夷其族石勒羯賊而書誅祖約亂臣賊子人人得而誅之也

趙以張駿為涼州牧駿恥為之臣不受及趙破休屠王羌駿始懼乃稱臣入貢

趙王勒稱皇帝

寇陷襄陽

張駿為趙涼州牧

	辛卯 六年	壬辰 七年
	春三月朔日食 秋九月 冬有事于太廟	春正月 秋
石趙	趙建平二年 營鄴宮	趙建平三年 趙命太子弘省可尚書奏事
五燕	慕容廆遣使詣太尉侃	
代		
三秦		
五涼		趙涼州牧張駿立其
成 夏		
楊 段		

癸巳八年

春趙遣使來修好

詔焚其幣

夏五月

江東之政差強人意此一舉而已

秋七月

趙建平四年

趙主勒卒

太子弘立

遼東公慕容廆卒世子皝嗣

皝生而雄毅多權略喜經術國人稱之

子重華爲世子

	八月	冬十月	甲午 九年 春正月仇池王楊毅遣使來稱藩
石趙	趙石虎自爲丞相魏王九月弒其太后劉氏	趙河東王石生等舉兵討石虎不克而死	趙石弘延熙初年
五燕		慕容皝兄翰奔段氏弟仁據遼東	
代			
三秦			
五涼		張駿遣張淳上表建康	
成夏			
楊段			仇池王楊難敵卒子毅嗣

二月以張駿爲大將軍

夏六月太尉長沙公陶侃卒

以庾亮都督江荆等州軍事

秋以慕容皝爲鎮軍大將軍平州刺史遼東公

冬十月

		慕容皝奉詔爲鎮軍大將軍平州刺史遼東公	
張駿奉詔爲大將軍 自是每歲使者不絶			
	成主雄卒太子班立		成李越弒其君班而
段遼遣其弟蘭與慕容翰攻柳城破之 柳城慕容地			

十一月

乙未 咸康元年

春正月朔帝冠

三月幸司徒導府

夏四月趙王虎南遊臨江而還帝親勒兵戒嚴六日罷

	十一月		咸康元年	
石趙		趙石虎弒其主弘自立為居攝天王	趙石虎建武初年	趙王虎南遊臨江而還
五燕		慕容皝攻遼東克之		
代				
三秦				
五涼				
成 夏 楊 段	立其弟期越雄之子也		成李期玉恆初年	

秋九月

冬十月朔日食

建安君荀氏卒荀氏明帝母也

趙遷都鄴

代王紇那復入翳槐奔趙

張駿遣使上疏請北伐

成殺其故主班母羅氏

丙申 二年

春正月彗星見奎婁

二月立皇后杜氏后預孫女也

趙建武二年

趙作太武殿于襄國東西宮于鄴

慕容皝討其弟仁殺之

	丁酉 三年	戊戌 四年
	春正月立太學 秋七月	舊大國一漢涼小國二新小國一氏四僭國
石趙	趙建武三年 趙王虎稱趙天王 趙王虎殺其太子邃更立子宣爲太子	趙建武四年
五燕	慕容皝自稱燕王燕稱藩于趙 皝欲伐段氏以其數侵趙邊乃遣使稱藩于趙乞師伐遼趙王大悅期以明年	
代	趙納代王翳槐于代紇那奔燕	代什翼犍建國初年
三秦		
五涼		
漢 夏		成改號漢李壽漢興初年
楊 段	楊初殺楊毅自稱仇池公附于趙	

春

夏四月

五月以司徒導爲太傅都督中外諸軍事郗鑒爲太尉庾亮爲司空

六月更以導爲丞

趙王虎擊燕不克慕容恪追擊大敗之

成李壽弑其主期而自立改國號漢

趙燕合兵攻段氏破之段遼奔密雲山慕容翰奔宇文部

相罷司徒官

冬十月

十二月

石趙			
五燕	趙遣兵迎段遼燕慕容恪擊敗之以遼歸殺之		
代		代王翳槐卒弟什翼犍嗣 代自猗盧卒後國多內難部落解散什翼犍雄勇有智略能修祖業始置百官分掌衆務于是東自濊貊西及破落那南距陰山北盡沙漠率皆歸服衆至數十萬人	
三秦			
五涼			
漢			
夏			
楊			
段			

己亥 五年

春三月

秋七月丞相始興公王導卒以何充爲護軍將軍庾冰爲中書監揚州刺史參錄尚書事

八月太尉南昌公郗鑒卒以蔡謨都督徐兖軍事

冬

趙建武五年

代什翼犍求昏于燕

燕王皝遣長史劉翔來獻捷

張駿立明堂辟雍

庚子 六年

春正月司空庾亮卒以何充爲中書令庾翼都督江荊等州軍事翼亮之弟也

有星孛于太微

三月

秋

石趙	趙建武六年		
五燕	慕容翰自宇文部歸于燕		
代		代始都雲中	
三秦			
五涼			
漢夏楊段			漢大閱于成都欲與趙寇晉因龔壯諫而止

冬

趙命其太子宣及弟韜迭省尚書奏事

辛丑 七年

趙建武七年

春正月

二月朔日食

封慕容皝爲燕王

三月皇后杜氏崩

夏四月葬恭皇后

秋

燕築龍城

慕容皝奉詔爲燕王

皝以慕容恪鎮平郭城

代築盛樂

漢殺其僕射蔡興李嶷

壬寅　八年

春正月朔日食

夏六月帝崩琅邪王岳即位

帝沖幼嗣位既長頗有勤儉之意至是不豫二子丕奕俱在襁褓庾冰請以母弟琅邪王岳爲嗣帝許之

封成帝子丕爲琅邪王奕爲東海王

秋七月葬興平陵

以何充都督徐州軍事

趙建武八年

石趙	五燕	代	三秦	五涼	漢	夏	楊	段
趙建武八年								

冬十月

十一月

十二月立皇后褚氏

褚裒之女也

康皇帝

名岳成帝弟在位二年壽二十三歲

癸卯 建元元年

趙作長安洛陽二宮

燕遷都龍城

燕王皝擊高句麗入九都載其王釗父屍及母以歸

趙建武九年

春二月

秋七月詔議經略中原

揭而書之所以尊中國存正統也

庾翼表遣桓宣伐趙

詔庾翼都督征討軍事庾冰都督荊江軍事徵何充爲揚州刺史錄尚書事

甲辰 二年

- 石趙：趙建武十年
- 五燕：高句麗王釗朝貢于燕
- 代
- 三秦
- 五涼
- 漢夏：漢主李勢太和；漢主壽卒其子勢嗣
- 楊段

春正月熒惑守房心

秋九月立子聃爲皇太子帝崩太子聃卽位尊皇后曰皇太后太后臨朝稱制

冬十月葬崇平陵上元縣境內

荊江都督庾冰卒

趙大閱罷兵殺其中書監王波

燕主皝擊滅宇文部逸豆歸走死皝還殺其兄翰

初年

孝宗穆皇帝

名聃康帝子在位十七年壽十九歲

乙巳 永和元年 舊大國一漢涼代小國三新小國一凡五僭國

春正月以會稽王昱爲撫軍大將軍錄尚書六條事

秋七月江州都督庾翼卒以桓温都督荊梁等州軍事

冬十二月

石趙	趙建武十一年		趙以姚弋仲爲冠軍大將軍
五燕	燕王皝十二年 二龍見于燕之龍山 自是始不用晉年號自稱十二年		
代			
三秦			
五涼			張駿自稱涼王
漢		漢主勢殺其弟廣	
夏			
楊 段			

丙午 二年

春正月揚州刺史何充卒以殷浩爲揚州刺史

夏四月朔日食

五月

冬十一月桓温帥師伐漢

趙建武十二年

前涼張重華永樂初年

涼王張駿卒世子重華嗣

趙來攻重華遣兵逆戰大破之

漢嘉寧初年

丁未 三年 是歲漢亡大一小三凡四僭國 趙建武十三年

春三月桓温敗漢兵于笮橋進至成都漢主勢降詔以爲歸義侯

夏四月

冬十月以張重華爲涼州刺史西平公

楊初遣使稱藩詔以初爲雍州刺史仇池公

石趙	
五燕	
代	
三秦	
五涼	趙來攻重華遣兵擊破之 張重華奉詔爲西平公
夏	
楊段	楊初奉詔爲仇池公

	晉	趙	燕
戊申 四年		趙建武十四年	
	秋八月加桓温征西大將軍	趙太子宣殺其弟韜伏誅	
	九月	趙立子世爲太子	燕王皝卒世子儁嗣
己酉 五年		趙太寧初年石鑒青龍初年	燕慕容儁初年
	春正月	趙王虎稱皇帝	

	夏四月蒲洪來降	秋九月	冬十一月	十二月徐兗都督
石趙	趙主虎卒太子世嗣其兄遵弒之及其太后劉氏而自立		石鑒弒其主遵而自立 考綱目分注石遵之死實石閔殺之乃歸獄于石鑒者誅首惡也	趙石閔幽
五燕	燕以慕容恪爲輔國將軍			燕遣使如
代				
三秦	蒲洪遣使來降		秦雍流民立蒲洪爲王	
五涼		張重華自稱涼王		
夏				
楊 段				

褚裒卒以荀羨監徐兗軍事

其主鑒殺胡羯二十萬人

涼州約張重華共擊趙也

庚戌 六年 舊大國一涼代趙燕小國三新大國一凡五僭國

春閏正月以殷浩督揚豫等州軍事蒲洪為征北大將軍督河北諸軍事

趙石祗永寧初年　魏冉閔永興初年

趙石閔弒鑒而自立改國號魏 天道好生而惡殺羯賊縱暴戕刘晉民不啻草菅今焉元惡既斃假手石閔殲戮其種雖未足以償晉人受禍之慘然亦足以見天道好還之意矣○閔本冉姓內黃人乃晉之故

蒲洪自稱三秦王改姓苻

		三月	夏五月
趙魏	氏初非羯賊之種故天假手誅之	魏主閔復姓冉氏 趙石祗稱帝于襄國 以姚弋仲爲右丞相弋仲子襄爲驃騎將軍又以苻健爲鎮南大將軍○祗鎮襄國之新興王世 魏殺其太宰李農	魏主閔徵故散騎常侍辛謐爲
五燕		燕王儁擊趙拔薊城遂徙都之	
代			
二秦		故趙將麻秋殺苻洪 洪子健斬秋遣使請命 洪卒子健代領其衆乃去王號稱晉官爵告喪請命	杜洪據長安自稱晉征北將軍
五涼			
夏			
楊 段			

秋九月

太常謚不食而卒

燕徇冀州取章武河間

苻健擊敗之

冬十一月

苻健入長安遣使獻捷

辛亥 七年

是歲趙亡舊大國一涼代燕小國三新大國一凡五僭國

趙永寧二年 魏永興二年

前秦苻健皇始初年

春正月日食

鮮卑段龕以青州來降

苻健自稱秦天王

鮮卑段龕以青州降

初段蘭死于令支龕領其衆因石氏之亂

		二月	夏四月	秋八月魏徐兖荆豫洛州來降 姚弋仲遣使來
趙魏		魏主閔圍趙王祇于襄國姚弋仲及燕王儁遣兵救之魏主閔敗績	趙將劉顯弑其主祇而自立趙亡	
五燕				燕慕容恪取中山
代				
三秦				姚弋仲遣使來降
五涼				
夏				
楊段	南徙廣固至是來降以爲鎮北將軍封齊公			

降

冬十二月桓温移軍武昌尋復還鎮

温跋扈不臣已書帥師伐漢此又移軍尋復其專輒自如罪不可掩矣

壬子 八年 是歲魏亡大二小二凡四僭國

春正月朔日食

趙汝陰王琨來奔斬之

石氏遂絕

魏永興三年

魏克襄國殺劉顯還其民于鄴

前燕慕容儁元璽初年

前秦皇始二年

秦王健稱皇帝

健以單于統壹百蠻非天子所宜領以授太子萇

杜洪司馬

殷浩使謝尚荀羨進屯壽春張遇據許昌叛降于秦

張遇魏之豫州牧也初以州來降至是叛者浩激之也

三月姚襄帥衆來歸詔屯譙城

夏四月

魏			
五燕	燕慕容恪		
代			
二秦		姚弋仲卒子襄率衆歸晉 弋仲有子四十二人及病謂諸子曰中原無主我死汝亟自歸晉執臣節無爲不義也至是襄歸晉	張琚殺洪自稱秦王秦王健擊琚斬之
五涼			
夏			
楊段			

六月謝尚得傳國璽來獻

謝尚攻張遇于許昌秦人救之尚敗績殷浩退屯壽春

秋八月

九月殷浩進屯泗口

王羲之切諫不聽

擊魏執其主閔以歸殺之魏亡

燕慕容評攻鄴克之遂留守鄴

罷遣太學生徒浩以軍興罷遣太學生徒學校由此廢

冬十一月

燕王儁稱皇帝改號元璽

癸丑 九年

夏五月張重華攻秦上邽拔之詔進重華涼州牧

秋七月殷浩遣兵襲姚襄不克

冬十月遂率諸軍

燕元璽二年

秦皇始三年

秦殺其司空張遇張遇據許昌叛降于秦秦以爲司空

張重華奉詔爲涼州牧

五燕 代 三秦 五涼 夏 楊段

北伐襄邀敗之

浩走譙城

襄初率衆來歸未聞有反側之意浩乃無故襲之是驅之使叛也

冬十一月

西平公張重華卒子曜靈嗣涼州廢其主曜靈立張祚爲涼公

甲寅 十年

前燕元璽三年

前秦皇始四年

涼王張祚和平初年

春正月殷浩以罪

張祚自稱

免爲庶人徙信安以王述爲揚州刺史

二月桓温帥師伐秦

夏四月桓温大敗秦兵于藍田進軍灞上三輔皆降

五月江西流民叛降姚襄詔屯兵中堂謝尚入衞

乙卯　十有一年

五燕　前燕元璽四年

燕以慕容恪爲大司馬

代

三秦　秦主苻生壽光初年

姚襄叛降于燕

秦東海王苻雄卒子堅襲爵

五涼　涼王張玄靚太始初年

涼王

夏

楊段

夏

六月

秋九月

閏九月

秦立子生為太子

姚襄據許昌

秦主健卒太子生嗣

秦殺其后梁氏及太傅毛貴等殺人以應災愚而忍矣

涼州弒其君祚立張玄靚為涼王

張祚淫虐河州刺史

冬十一月

十二月

五燕

代

三秦

秦殺其丞相雷弱兒

五涼

張瓘欲廢祚復立曜靈將軍宋混合衆應之祚殺曜靈瓘進軍姑臧長史趙長等懼立曜靈弟玄靚諸將攻趙長等及祚殺之混與瓘弟琚上玄靚為大將軍西平公復稱建興四十三年瓘至推為涼王改號太始自為都督中外諸軍事以混為尚書僕射

夏

楊段

燕慕容恪擊段龕

丙辰 十有二年

春正月以桓温爲征討大都督督諸軍討姚襄

夏四月

秋八月桓温敗姚襄于伊水遂入洛陽修謁諸陵置戍而還

冬十月朔日食

十一月遣司空車灌如洛陽修五

前燕元璽五年

段龕降燕

慕容恪悉

前秦壽光二年

秦殺其司空王墮

秦太后彊氏以憂卒

桓温討姚襄大敗之姚襄北走據襄陵

涼州遣使稱藩于秦

燕慕容恪大破段龕進圍廣固

陵

詔遣瓘等持節臨洛陽修五陵帝及羣臣皆服緦臨太極殿三日

丁巳 升平元年

春正月朔帝冠太后歸政徙居崇德宮

二月太白入東井

五燕	前燕光壽初年	定齊地 初鮮卑段蘭死于令支龕領其衆因石氏之亂南徙廣固嗣以青州降晉詔以為鎮北將軍封齊公至是慕容恪大破龕兵進圍廣固龕降恪悉定齊地龕竟為儁所殺
代		
三秦	前秦苻堅永興初年	
五涼		
夏		
楊段		

夏四月

六月

秋八月立皇后何氏

故散騎侍郎何準之女

冬十一月以王彪之爲左僕射

姚襄據黃落秦遣兵擊斬之弟萇以衆降秦

秦苻堅弑其君生自立爲天王

堅去帝號稱大秦天王

燕徙都鄴

燕作銅雀臺

秦王堅殺其兄東海公法

戊午 二年

冬以郗曇督徐兗軍事

五燕：前燕光壽二年
燕陷河南
燕使慕容垂守遼東
垂既之第五子也初名霸更名垂娶段末柸女生子令寶

三秦：前秦永興二年
堅以王猛爲尚書左丞

己未 三年

春二月泰山太守諸葛攸伐燕敗

五燕：燕光壽三年

三秦：前秦甘露初年
秦以王猛爲京兆尹

五涼：涼宋混誅張瓘

五燕 代 三秦 五涼 夏 楊 段

續冬十月謝萬郗曇復伐燕曇病引還萬衆潰免爲庶人

冬十二月

庚申四年

春正月

二月

琨性忠鯁瓘憚之欲殺琨因廢玄靚而代之琨帥壯士宣告諸營曰張瓘謀逆太后令誅之瓘與弟琚皆自殺琨輔政請玄靚去王號復稱涼州牧

前燕主暐建熙初年

燕王儁卒太子暐嗣年十一歲

燕以慕容

前秦甘露二年

秦以王猛兼司隸校尉

三月

秋八月朔日食既

桓溫以謝安爲征西司馬

安少有重名前後徵辟皆不就寓居會稽以山水文籍自娛雖爲布衣人皆以公輔期之士大夫至相謂曰安石不出當如蒼生何

冬十月

五燕

恪爲太宰專錄朝政太師慕輿根伏誅

燕遣慕容垂守蠡臺

代

三秦

匈奴劉衛辰降秦

烏桓獨孤部鮮卑沒

五涼

夏

楊

段

辛酉 五年

春正月

夏四月

五月帝崩琅邪王丕即位

帝崩無嗣太后令曰琅邪王丕中興正統義望情地莫與爲比其以王奉

前燕建熙二年

劉衛辰叛秦降代

前秦甘露三年

弈干降秦

獨孤部及沒弈干各率衆數萬降秦堅處之塞內因陽平公融諫乃徙之塞外

涼宋琨卒

哀皇帝

大統于是百官備法駕迎入即位

秋七月葬永平陵上元縣境內

九月立皇后王氏后濛之女也

尊何皇后爲穆皇后

五燕	
代	
三秦	
五涼	涼張邕殺宋澄張天錫誅之詔以張玄靚爲涼州刺史西平公 澄宋混之弟天錫玄靚之叔父也邕既殺澄天錫殺邕滅其族玄靚以天錫爲大將軍輔政始奉升平年號故有是命
夏	
楊 段	

壬戌 隆和元年 名丕成帝子在位四年壽二十五歲

春二月拜母貴人周氏爲皇太妃

秋七月

冬十二月朔日食

前燕建熙三年

前秦甘露四年

秦王堅臨太學

癸亥 興寧元年

春三月皇太妃周氏薨

夏五月加桓温大

前燕建熙四年

前秦甘露五年

		甲子 二年
	司馬都督中外諸軍錄尚書事 秋八月有星孛于角亢	春二月 三月帝寢疾皇太后臨朝攝政 夏四月 五月以王述爲尚
五燕		前燕建熙五年 燕慕容評略地河南 燕陷許昌汝南陳郡
代		
三秦		前秦甘露六年
五涼	涼張天錫弒其君玄靚而自立	涼西平公張天錫初年
夏		
楊 段		

書令加大司馬溫揚州牧

六月

秋七月大司馬溫城赭圻

詔徵溫入朝溫至赭圻詔止之溫遂城居之固辭內錄遙領揚州牧

乙丑 三年

春正月皇后王氏崩

秦以張天錫爲西平公

燕徙其宗廟百官于鄴陷河南諸城

前燕建熙六年

劉衛辰復叛代代王

秦苻騰謀反伏誅

騰苻生之弟也

前秦建元初年

大司馬温移鎮姑孰以弟豁監荊揚等州軍事

三月帝崩瑯邪王奕卽位帝崩無嗣皇太后詔以奕承大統

葬安平陵上元縣境內

夏四月

秋七月更立會稽王昱爲瑯邪王固讓不受

立皇后庾氏

五燕		燕以陽鶩爲太尉
代	什翼犍擊走之	
三秦		
五涼		
夏		
楊 段		

后冰之女也

冬十一月以王彪之爲僕射

帝奕

成帝子此海西公也何以書帝奕不予桓溫之廢也曷爲名之孝武即位十四年而後海西公以薨書既無謚故稱名此綱目之變例也以爲失國名之則過矣

丙寅 太和元年

夏五月皇后庾氏崩

前燕建熙七年

代王什翼犍遣使入貢于秦

前秦建元二年

匈奴曹轂劉衞辰叛秦秦擊降之

秋七月葬孝皇后

冬十月以會稽王昱爲丞相錄尚書事加殊禮

丁卯 二年

春二月

秋九月以郗愔都督徐兗等州軍事

	前年	本年
五燕	燕寇兗州陷魯高平數郡	前燕建熙八年 燕太宰慕容恪卒 恪卒而闚國者至矣綱目卒僭國臣二十一于恪尤深惜之
代		
二秦	秦寇荊州掠萬餘戶而還	前秦建元三年
五涼		
夏		
楊 段		

冬十月

代王什翼犍擊匈奴劉衛辰走之

戊辰 三年

春二月

三月朔日食

冬十二月加大司馬温殊禮位在諸侯王上

前燕建熙九年

燕以慕容沖為大司馬

前秦建元四年

秦苻庾以陝城降燕

秦拔陝城斬苻庾

秦以仇池公楊世為秦州刺史

己巳 四年

夏四月大司馬温帥師伐燕秦人救之秋九月温及燕人戰于枋頭不利而還袁真以壽春叛降于燕

冬十一月

五燕	前燕建熙十年	燕慕容垂出奔秦秦以爲冠軍將軍垂天資英傑智略超世能任大事慕容恪甚器重之
代		
三秦	前秦建元五年	秦遣王猛等伐燕取洛陽
五涼		
夏		
楊 段		

十二月大司馬温徙鎮廣陵

嘗以語評至是垂自襄邑還鄴威名大震評愈忌之太后可足渾氏素惡垂與評謀誅之垂覺奔秦

庚午五年 是歲前燕亡大一小二凡三僭國

春正月

二月袁真死子瑾

前燕建熙十一年

燕慕容臧將兵拒秦師秦王猛擊走之

前秦建元六年

	夏 四月	秋七月 八月	九月	冬十一月
	代領其衆燕秦皆遣兵助之夏四月大司馬温遣兵擊破之	秋七月朔日食八月大司馬温敗袁瑾于壽春遂圍之	九月	冬十一月
五燕				燕主暐被秦王堅入鄴執之前燕
代				
三秦		秦克壺關	秦王猛入晉陽及燕慕容評戰于潞川敗之遂圍鄴	秦王堅入鄴執燕主暐以王猛
五涼				
夏				
楊段				

十二月

十一

爲冀州牧都督關東六州軍事

燕主暐秦遷之于長安以暐爲新興侯

秦遷故燕主暐及鮮卑四萬戸于長安

辛未六年 太宗簡文皇帝昱咸安元年

謹按是歲實帝奕六年也十一月桓温搆誣辭廢帝立會稽王昱是爲簡文帝今諸本于歲首即去太和之年大書簡文之號則是于帝奕在位之日已追廢之矣且以遂桓温之非傷人倫之教豈立言之本意哉

前秦建元七年

春正月大司馬温拔壽春獲袁瑾斬之

冬十月

十一月大司馬温入朝廢帝爲東海王迎會稽王昱入卽位

桓温久蓄異志但帝素無過難以起釁一日參軍郗超夜就温宿謂曰明

五燕

代

代世子寔卒

三秦

秦徙關東豪傑及雜夷十五萬戶于關中吐谷渾來入貢伐仇池執楊纂以歸

秦王堅如鄴

五涼

涼州張天錫稱藩于秦

夏

楊段

公不爲伊霍之舉無以立大威權鎮壓四海温遂與定議以帝素謹無過而牀笫易誣乃揚言帝早有痿疾嬖人朱靈寶等參侍內寢二美人生三男將移皇基人莫能審其虛實温乃詣建康諷褚太后請廢帝而立會稽王昱温仍請還鎮姑孰

十二月降封東海王爲海西縣公

簡文皇帝

名昱元帝少子在位二年壽五十三歲

壬申 咸安二年

前秦建元八年

夏四月遷海西公于吳縣

六月

秋七月詔立皇子昌明爲皇太子

帝崩太子昌明即位

帝遺詔國家事一稟大司馬温是日帝崩羣臣曰當須大司馬處分王彪之正色曰天子崩太子代立大司馬何容得異太子即位太后欲令温居

五燕

代

三秦　秦以王猛爲丞相苻融爲冀州牧

五涼

夏

楊

段

攝王彪之曰此異常大事大司馬必當固讓事遂不行溫望簡文臨終禪位不爾便當居攝至是大不副所望矣疑王坦之謝安所爲心銜之

八月

冬十月葬高平陵上元縣境內

孝武皇帝名昌明簡文帝子在位二十四年壽三十五歲

癸酉寧康元年

秦加王猛都督中外諸軍事

前秦建元九年

春二月大司馬温來朝

但書來朝初無異詞而當日都下恟恟或言欲誅王謝因移晉祚其兇威虐燄爲何如耶吁可畏也哉

秋七月大司馬温卒以桓冲都督揚豫江州軍事

冲温之弟也温以世子熙才弱使冲領其衆温卒熙及弟濟謀殺冲冲徙之長沙稱温遺命以少子玄爲嗣時方五歲襲封南郡公

皇太后臨朝攝政以王彪之爲

五燕

代

三秦

五涼

夏

楊 段

尚書令謝安爲僕射

冬以王坦之爲中書令領丹陽尹

彗星見

秦寇梁益陷之

甲戌 二年

春二月以王坦之都督徐兗等州軍事詔謝安總中書

前秦建元十年

乙亥 三年

前秦建元十一年

御批
王猛之事秦竭忠盡智至于臨没之時猶惓惓以晉作籌成望秦王追蹤前聖宜其主眷優隆為人臣之所當勉也

	夏五月徐兗都督王坦之卒以桓沖為徐州刺史謝安領揚州刺史 秋七月 八月立皇后王氏后濛之孫也 冬十月朔日食
五燕	
代	
三秦	秦丞相清河侯王猛卒 秦置聽訟觀遣太子入學禁老莊圖讖之學
五涼	
夏	
楊段	

丙子 太元元年是歲涼代皆亡凡僭國一

春正月朔帝冠太后歸政以謝安爲中書監錄尚書事

秋七月

冬十一月朔日食

十二月

代寔君弑其君什翼

前秦建元十二年

秦擊涼州涼張天錫掌據死之降秦涼亡

張天錫降

秦擊代敗之

五燕	
代	犍，秦討殺之，遂分代爲二部士代 初什翼犍世子寔早卒寔子珪尚幼慕容妃諸子皆長繼嗣未定庶長子寔君遂殺諸弟並殺什翼犍珪母賀氏以珪走依賀訥秦問代亂故代長史燕鳳具以對秦乃執寔君于長安車裂之遂分代爲二部自河以東屬南部劉庫仁河以西屬劉衛辰賀氏以珪依庫仁庫仁奉事拓拔珪恩勤周備不以廢興易志
三秦	
五涼	
夏	
楊　段	

丁丑 二年

春以朱序爲梁州刺史鎮襄陽

秋七月以謝安都督揚豫等州軍事

冬十月以桓冲都督江荆等州軍事謝玄監江北軍事

散騎常侍王彪之卒

前秦建元十三年

高句麗新羅西南夷皆遣使朝貢于秦

	戊寅 三年	戊寅三年（左）	己卯 四年
	春二月作新宮	秋七月新宮成	春二月
五燕			
代			
三秦	前秦建元十四年 秦寇涼州 復陷南陽	秦分道寇盱眙彭城 魏興	前秦建元十五年 秦陷襄陽執朱序以歸 陷彭城淮陰
五涼			
夏			
楊段			

夏四月

秦陷魏興吉挹死之

五月

秦陷盱眙進圍三阿謝玄連戰敗走之

庚辰 五年

前秦建元十六年

夏四月以謝安爲衞將軍與桓沖並開府儀同三司

六月

秦以苻融爲中書監

秋九月皇后王氏崩
冬十一月葬定皇后

辛巳 六年
春正月立佛精舍于殿內
二月

前秦建元十七年
都督諸軍錄尚書事苻丕爲冀州牧苻暉爲豫州牧

東夷西域

五燕 代 三秦 五涼 夏 楊段

夏六月朔日食
冬十一月秦寇竟陵桓沖擊破之遂拔管城獲其將閻振吳仲

壬午 七年

春三月

六十二國朝貢于秦

前秦建元十八年

秦徙鄴銅駝馬飛廉翁仲于長安

以苻融爲

秋九月桓沖遣兵伐襄陽

冬十月

癸未 八年

燕			
代			
秦	征南大將軍	秦會羣臣于太極殿議伐晉也權翼石越苻融及所幸張夫人幼子詵俱以晉爲不可伐不從慕容垂獨言于堅曰謀夫孔多是用不集陛下斷自聖心足矣堅大悅	前秦建元十九年
涼			
夏			
楊 段			

夏五月桓沖帥師伐秦拔筑陽

秋八月秦王堅大舉入寇詔征討都督謝石冠軍將軍謝玄等帥師拒之

以琅邪王道子錄尚書六條事

冬十一月謝石謝玄等大破秦兵于肥水殺其大將苻融秦王堅走還長安以謝石爲尚書令進

秦王堅大舉入寇

秦兵大敗苻融被殺堅走還長安

秦呂光攻龜茲

甲申 九年 晉大國一新大國二凡三僭國	謝玄號前將軍固讓不受
後燕慕容垂	
前秦建元二 後秦姚萇白	秦將軍乞伏國仁叛據隴右國仁本隴西鮮卑居勇士川爲秦前將軍從秦王堅入寇叔父步頹聞秦師敗率隴西叛之秦使國仁討之遂與步頹合據隴右丁零翟斌起兵攻洛陽秦使慕容垂討之垂叛秦與斌合

五燕 代 三秦 五涼 夏 楊 段

春正月遣將軍劉牢之伐秦拔譙城桓沖伐秦拔魏興上庸新城

二月荊江都督桓沖卒

三月以謝安爲太保

初年

慕容垂自稱燕王大破秦兵斬其將石越

燕王垂圍鄴

燕慕容泓起兵華陰慕容沖起兵平陽秦遣苻叡擊泓敗死遣竇衝擊慕容沖破之沖奔華陰

十崔 年初 年

夏四月

五燕	泓進逼長安（泓傳子）
代	
三秦	秦苻叡司馬姚萇起兵北地自稱秦王是為後秦 燕北地長史慕容泓聞燕王垂攻鄴亦起兵華陰其弟冲起兵平陽秦遣苻叡擊泓姚萇佐之叡不聽萇之諫輕敵敗死萇方恐懼遣使請罪秦王堅怒而殺其使是驅之使亂也故姚萇起兵稱王
五涼	
夏	
樹段	

六月崇德太后褚氏崩

燕諸將殺慕容泓立冲爲皇太弟

慕容垂因苻堅之敗而復國泓及弟冲亦皆起兵諸將殺泓立冲爲皇太弟焉有殺其兄而弟爲太弟者乎是時冲能率衆聽命于垂共成燕業可也何必自立西燕之號紛紜簒弑卒滅于垂是以非禮之號未有能傳世者矣

慕容冲大破秦兵遂據阿房城

秋七月葬康獻皇后

八月遣都督謝玄率師伐秦取河南

加太保安都督十五州諸軍事假黃鉞

冬十月朔日食

謝玄遣兵攻秦青州降之

加謝玄都督七州軍事

十二月

五燕	燕殺丁零翟斌	燕王垂解鄴圍開秦苻丕西歸之路也燕慕容沖進逼長安		
二代			燕慕輿文殺劉庫仁其弟頭眷代領其衆	
秦	秦呂光大破龜茲入據其城			秦殺其新
五涼				
夏				
楊段				

乙酉 十年 晉大國三新大國一小國一凡五僭國

春正月

夏四月太保安出鎮廣陵

五月

後燕垂二年
西燕冲更始初年

燕慕容冲稱帝于阿房是為西燕

劉牢之進兵至鄴燕王垂逆戰敗走中山

西燕攻長安秦王堅

興侯慕容暐

秦苻丕大安初年
後秦白雀二年
西秦乞伏國仁建義初年

西燕攻長安堅出奔

秋七月秦太子宏來奔處之江州

八月太保建昌公謝安卒 諡文靖

以瑯琊王道子領揚州刺史錄

五燕	出奔五將山六月冲入長安		
代			代南部劉顯弒其君頭眷而自立 顯南部劉庫仁之子也既殺頭眷又欲殺拓拔珪珪
二秦	五將山六月太子宏奔下辨西燕主冲入長安	後秦王萇圍五將山執秦王堅以歸秦太子宏奔晉	後秦王萇殺秦王堅秦苻丕稱帝于晉陽 長樂公丕堅之庶長子聞堅死乃發喪即位
五涼			
夏			
楊 段			

尚書都督中外諸軍事

九月

冬十二月

丙戌 十有一年 舊大國四 西秦小國一 新大國一 小國一 凡七僭國

後燕建興初年 西燕慕容永中興初年	燕定都中山		
代改魏拓拔珪登國初年			奔依其舅賀訥
秦苻登太初初年 後秦建初初年		秦呂光還自龜茲擊涼州殺其刺史梁熙而代之 乞伏國仁自稱單于秦封爲宛川王是爲西秦	
前涼張大豫鳳凰初年 後涼呂光天安初年		呂光自龜茲還殺涼州刺史梁熙而代之	

	春正月	二月	三月
五燕	後燕王垂稱皇帝丁零翟遼據黎陽燕殺翟斌翟遼奔黎陽殺其太守而據之	西燕弒其主沖立段隨爲燕王隨沖之將也	西燕人殺段隨而東至聞喜立
魏	拓拔珪復立爲代王珪從曾祖紇羅與諸部大人共請賀訥推珪爲主即代王位	代徙都盛樂珪徙都定襄之盛樂務農息民國人悅之	
三秦			
五涼		張大豫起兵攻姑臧初張天錫之南奔也秦長水校尉王穆匿其世子大豫與奔河西至是魏安人焦松聚兵迎大豫爲主進逼姑臧	
夏			
楊段			

夏四月

六月以楊亮爲雍州刺史鎮衛山陵荊州刺史桓石民取弘農初置湖陝二戍

慕容忠復稱帝

燕慕容恆慕容永殺段隨立宜都王子顗恆弟韜殺顗立冲之子瑤永又殺之乃立泓之子忠爲帝忠以永爲丞相永廆弟之孫也

西燕弑其主忠立慕容永爲河東王

西燕既弑冲而立隨又殺隨而立忠未幾

代改稱魏

後秦王萇取長安稱皇帝

秋八月

冬十月西燕擊秦敗之秦主丕奔東垣將軍馮該擊殺之海西公奕薨于吳

十一月

十二月

		秋八月	冬十月	十一月	十二月
五燕	忠又見弒而永立矣半年之間四易其主醜類相殘如此		西燕慕容永稱帝于長子		
魏					
二秦		秦以苻登爲南安王登秦王疎屬	秦主丕被殺	秦苻登稱帝于南安聞丕死乃即帝位	
五涼					呂光自稱酒泉公
夏					
楊 段					

丁亥 十有二年

春正月以朱序為青兗刺史鎮淮陰謝玄為會稽內史

夏四月尊母李氏為皇太妃

五月徵處士戴逵不至

秋七月

後燕建興二年		翟遼降燕
魏登國二年		魏王珪以燕師擊劉顯大破之
前秦太初二年 後秦建初二年	秦封苻纂為魯王	後秦主萇軍陰密以太子興守
光得秦王堅凶問舉軍縞素自是稱涼州牧酒泉公		呂光殺張大豫

八月立子德宗爲皇太子

冬十月

翟遼復叛燕

顯奔西燕長安

秦苻師奴殺其兄纂後秦擊走之而降其衆

戊子 十有三年

春正月康樂公謝玄卒謚獻武

康樂晉之縣名劉宋末省入建城縣

後燕建興三年

魏登國三年

翟遼自稱魏天王

遼遣使謝罪于燕燕主垂斬之遼乃稱魏天王

秦太初三年

後秦建初三年

西秦乞伏乾歸大初初年

秦主登軍朝那後秦主萇軍武都

五燕 魏 三秦 五涼 夏 楊 段

己丑 十有四年

夏四月以朱序都督司雍等州軍事戍洛陽譙王恬都督兗冀等州軍事鎮淮陰 故城在今高安縣東北四里○劉宋封謝靈運爲康樂侯卽此城

六月

後燕建興四年

魏登國四年

秦太初四年
後秦建初四年

西秦王乞伏國仁卒弟乾歸嗣 乾歸還都金城秦封以爲金城王

涼麟嘉初年

	春二月 秋八月	庚寅 十有五年 春正月西燕主永寇洛陽朱序擊走之還擊翟遼又走之 二月以王恭都督青兗等州軍事
五燕		後燕建興五年
魏		魏登國五年
三秦	秦主登擊安定後秦主萇襲破其輜重秦后毛氏被執死之	秦太初五年 後秦建初五年
五涼	呂光自稱三河王	
夏		
楊段		

秋九月以王國寶為中書令王珣為尚書僕射

辛卯 十有六年

冬十月

後燕建興六年 翟遼死子釗代領其衆

魏登國六年 魏王珪擊柔然破之徙之雲中劉衛辰攻魏南部魏王珪破之衞辰走死諸部悉降

秦太初六年
後秦建初六年

壬辰 十有七年

後燕建興七年

魏登國七年

秦太初七年
後秦建初七年

夏五月朔日食

冬十一月以殷仲堪都督荊益寧州軍事

立子德文爲琅琊王徙道子爲會稽王

李遼表請修孔子廟不報

李遼清河人○綱目書孔子廟三是年壬午宋修孔子廟乙酉梁立孔子廟

燕主垂擊翟釗釗奔西燕

五燕

魏

三秦

五涼

夏

楊

段

癸巳 十有八年

秋七月

冬十月

十二月

甲午 十有九年 是歲秦及西燕亡大三小二凡五僭國

後燕建興八年

魏登國八年

秦太初八年
後秦建初八年

秋七月 秦丞相竇衝叛秦主登討之後秦使太子興救衝遂襲平涼

冬十月 燕主垂擊西燕

十二月 後秦主萇卒太子興帥兵擊秦

後燕建興九年

魏登國九年

秦苻崇延初初年
後秦姚興皇初初年

春正月

夏四月

五月

六月追尊會稽太妃鄭氏曰簡文宣太后 羣臣或謂宣太后宜配食元帝太子

秦主登及後秦戰敗績弃平涼

後秦主興立

三河王光以禿髮烏孤爲河西都統 烏孤本鮮卑別種與拓拔同祖後徙河西

五燕 魏 三秦 五涼 夏 楊段

前率徐邈曰太后平素不伉儷于先帝子孫豈可爲祖考立配國學助教臧燾曰尊號既正則罔極之情申別建寢廟則嚴禰之義顯繫子爲稱兼明貴之所由一舉而合三義不亦𢤱乎乃立廟于太廟路西

秋七月

八月尊太妃李氏爲皇太后

燕主垂圍長子拔之殺西燕主永

後秦主興擊秦主登殺之秦太子崇立奔湟中

冬隴西楊盛遣使來稱藩

盛乃楊定叔父之子先守仇池稱爲秦州刺史仇池公至是稱藩分氐羌爲二十部護軍各爲鎮戍不置郡縣

乙未 二十年

春三月朔日食

以丹陽尹王雅領太子少傅

後燕建興十年

魏登國十年

秦皇初二年

秦主崇及隴西王楊定攻西秦兵敗皆死定弟盛稱藩于晉

苻氏遂亡西秦乞伏乾歸于是盡有隴西之地自稱秦王

遣使如燕

是後姚氏止稱秦

五燕 魏 三秦 五涼 夏 楊 段

夏五月

燕遣其太子寶擊魏

秋七月

禿髮烏孤徙都廉川

九月

魏王珪將兵拒燕燕軍夜遁追至參合陂大敗之

丙申 二十有一年

後燕慕容寶永康初年

魏皇始初年

秦皇初三年

涼龍飛初年

春閏三月

後燕主垂襲魏平城

夏五月

夏四月還卒于上谷太子寶嗣

燕以慕容德爲冀州牧守鄴慕容農爲幷州牧守晉陽

後燕主寶弒其太后段氏

初燕主垂先段后生子令寶後段后生子朗鑒愛諸姬生子麟農隆柔熙後段后嘗言寶不能承燕祚至是寶弒之

五燕

魏

二秦

五涼

夏

楊 段

六月

秋八月

九月貴人張氏弑帝于清暑殿太子德宗卽位會稽王道子進位太傅冬十月葬隆平陵

帝嗜酒流連內殿外人罕得進見張

後燕立子策爲太子

寶之子會雄俊有器藝垂愛之遺命寶以爲嗣寶愛少子策立之會始有異志

三河王光自稱涼天王

封楊盛爲仇池公

盛稱藩于晉至是封之

貴人寵冠後宮時年近三十帝戲之曰汝以年亦當廢矣吾意更屬少者已而醉寢清暑殿貴人使婢以被蒙帝面而弑之重賂左右曰因魔暴崩時太子闇弱王道子昏荒遂不復推問

安皇帝

名德宗孝武之子在位二十二年壽三十七歲

丁酉 隆安元年 舊大國三西秦涼小國二新小國二凡七僭國

五燕	後燕永康二年
魏	魏皇始二年
三秦	秦皇初四年
五涼	南涼禿髮烏孤太初初年 北涼段業神璽初年
夏	
楊段	

春正月帝冠以王珣爲尚書令王國寶爲左僕射

三月尊皇太后李氏爲太皇太后

立皇后王氏

燕主寶襲擊魏敗還魏進圍中山燕清河王慕容會引兵赴難次薊燕主寶奔會軍燕開封公慕容詳從寶不及城中立以爲主閉門拒魏

禿髮烏孤自稱西平王攻涼取金城是爲南涼

夏四月以會稽世子元顯爲征虜將軍

元顯年十六有儁材說會稽王道子以王殷終必爲患請潛爲之備道子乃拜元顯爲征虜將軍

秋七月

五燕	燕慕容麟襲殺詳而自立魏襲中山入其	燕主寶至龍城慕容會作亂不克奔中山慕容詳殺之 燕慕容詳稱帝于中山 詳開封公
魏		
三秦		
五涼		涼沮渠蒙遜叛據金山 初張掖盧水胡沮渠羅仇匈奴沮渠王之後也世爲部帥涼王光以爲尚書 涼段業叛自稱建康公沮渠蒙遜以衆歸之 是爲北涼 業呂光之建康太守
夏		
楊 段		

九月

鄴而還
麟燕趙王

秦太后虵氏卒

戊戌 二年

舊大國三西秦涼南涼北涼小國四新小國一凡八僭國

春正月

後燕慕容盛建平初年
南燕慕容德初年

燕慕容德徙居滑臺稱燕王

燕范陽王德自鄴帥戶四萬南徙滑臺魏衛王儀入鄴追德至河弗及慕容麟上尊號于德德用兄垂故事稱燕王以統府行帝制置百

魏天興初年

魏王珪北還徙山東民十餘萬口以實代

秦皇初五年

		二月以王愉都督江豫州軍事	三月
五燕	官是爲南燕○德號少子		燕主寶將兵發龍城衛卒段速骨作亂衆潰而還段速骨陷龍城燕主寶出奔尚書蘭汗誘而弒之
魏		魏封爾朱羽健于秀容川 秀容川酋長爾朱羽健從魏王珪晉陽中山有功環其所居割地三百里以封之	
三秦			
五涼			北涼攻涼取西郡晉昌燉煌張掖
夏			
楊 段			

秋七月王恭殷仲堪及南郡公桓玄反玄陷江州玄溫之子也

九月加會稽王道子黃鉞討王恭恭司馬劉牢之執恭以降斬之以牢之都督青兗七州軍事桓玄爲江州刺史敕殷仲堪使回軍

冬十月復以殷仲堪督荆益軍仲

燕長樂王盛討殺蘭汗攝行統制

魏還都平城

南涼取嶺南五郡

燕長樂王稱皇帝

堪等罷兵還鎮

十二月

己亥 三年

春正月

二月

三月追尊所生母陳氏爲德皇太

	十二月	己亥三年春正月	二月	三月
五燕		後燕長樂初年 南燕慕容德二年		南燕苻廣叛南燕王
魏	魏王珪稱皇帝	魏天興二年	魏主珪襲高車大破之 高車西域國名自是諸部大震	魏分尚書諸曹置五
三秦		秦弘始初年		
五涼		後涼呂纂咸寧初年 北涼天璽初年 南涼徙治樂都	北涼段業自稱涼王 以沮渠蒙遜爲尚書左丞梁中庸爲右丞	
夏				
楊段				

后

夏四月以會稽世子元顯爲揚州刺史

秋八月

九月

德擊斬之滑臺降魏德遂東寇青兗

經博士令郡縣大索書籍悉送平城

南燕王德陷廣固殺幽州刺史辟閭渾遂都之

南涼王烏孤卒弟利鹿孤嗣徙治西平

秦主興降號稱王興以災異屢見故降號稱王使公卿以下各降一等

冬十月孫恩寇會稽詔徐州刺史謝琰及劉牢之討破之以琰爲會稽太守以會稽世子元顯錄尚書事

桓玄舉兵攻江陵殺殷仲堪楊佺期

庚子 四年

是歲西秦降秦舊大國三涼南涼北涼南燕小國四新小國一凡八僭國

春正月

五燕

後燕長樂二年

南燕德建平初年

後燕主盛自貶號庶

魏

魏天興三年

三秦

秦弘始二年

西秦遷都苑川

五涼

南涼利鹿孤建和初年

西涼公李暠庚子初年

涼王光卒太子紹嗣庶兄纂弒而代之

夏

楊

段

三月詔桓玄都督荆江八州軍事荆江州刺史

六月朔日食

秋七月太皇太后李氏崩

九月地震

人天王

魏立慕容氏爲后燕王寶之幼女

秦擊西秦西秦王乾歸戰敗奔南涼遂降秦

涼呂宏作亂涼王纂殺之宏纂之弟北涼以李暠爲燉煌太守暠隴西人好文學有惠政

辛丑 五年

自晉武太康九年書地震至是一百一十三年然後復見自是至于五代書地震九而已然則地震之數莫甚于兩漢者矣

冬十一月詔劉牢之討孫恩走之以會稽世子元顯都督揚豫等十六州軍事

十二月有星孛于天津會稽世子元顯解錄尚書事

五燕	後燕慕容 南燕建平	南燕王德稱帝更名備德
魏	魏天興四	魏置僊人博士
三秦	秦弘始三	
五涼	北涼王沮渠 涼呂隆	李暠自稱涼公 是爲西涼
夏		
楊 段		

晉安帝隆安五年	春正月	二月	三月孫恩攻海鹽劉牢之參軍劉
熙光始初年 二年			
年			
年		秦使乞伏乾歸還鎮苑川	
神鼎初年 蒙遜永安初年	南涼利鹿孤更稱河西王以其弟傉檀都督中外錄尚書事	涼呂超弒其君纂而立其兄隆纂后楊氏自殺	南涼擊涼徙其民二千戶以歸

裕擊破之

初彭城劉裕生而母死父翹僑居京口家貧將棄之劉懷敬之母裕從母也往救而乳之及長勇健有大志僅識文字以賣履爲業好摴蒱爲鄉閭所賤至是牢之引參軍事

夏五月

六月孫恩寇丹徒劉裕擊破之恩北走陷廣陵

秋七月

		夏五月	六月	秋七月
五燕				
魏				
二秦				秦伐涼大破之西涼
五涼		北涼沮渠蒙遜弑其君業	沮渠蒙遜自稱張掖公亦號北涼	
夏				
楊 段				

八月以劉裕爲下邳太守討孫恩于郁洲大破之

九月

冬十一月劉裕擊孫恩破之

壬寅 元興元年

後燕光始二年 南燕建平三年	燕段璣弒其君盛太后丁氏立盛叔父熙討璣殺之
魏天興五年	
後秦弘始四年	南涼北涼皆遣使入貢
南涼禿髮傉檀弘昌初年	涼王隆遣使降秦

	春正月	二月	三月
	春正月以尚書令元顯爲征討大都督加黃鉞討桓玄玄舉兵反兵至姑孰劉牢之叛附于玄元顯軍潰玄入建康自以太尉總百揆殺元顯等以牢之爲會稽內史牢之自殺	二月	三月孫恩寇臨海郡兵擊破之恩赴海死玄以恩
五燕			
魏			
三秦		秦立子泓爲太子	
五涼			南涼王利鹿孤卒弟傉檀嗣
夏			
楊 段			

黨盧循爲永嘉太守
夏四月玄出屯姑孰
五月盧循寇東陽劉裕擊走之
玄殺會稽王道子

燕王熙殺其太后丁氏

燕王熙納苻謨二女有寵丁太后怨恚與兄子尚書信謀廢熙立章武公淵事覺熙逼丁太后令自殺並殺淵及信○按丁氏書太后矣則其不書弑何罪丁氏也初熙得幸丁氏丁氏廢太子定而立熙既而爭寵又欲廢熙則才足

秦遣使授南涼北涼西涼官爵

以母一國矣故綱目特書殺

癸卯 二年 是歲涼亡大三小四凡七僭國

春桓玄自爲大將軍

夏四月朔日食

秋九月玄自爲相國封楚王加九錫

冬十一月楚王玄稱皇帝廢帝爲平固王遷于尋陽

初玄表請歸藩使帝作手詔固留之

五燕：後燕光始三年 南燕建平四年 南燕講武城西

魏：魏天興六年

三秦：後秦弘始五年

五涼

夏

楊

段

至是卞範之作禪詔逼帝書之遣王謐禪位于楚百官詣姑孰勸進玄築壇于九井山北郎帝位改元永始玄入建康宮登御座而牀忽陷羣下失色

益州刺史毛璩起兵討玄

甲辰 三年

春二月劉裕起兵京口討玄玄使弟謙拒之

三月劉裕及桓謙

後燕光始四年
南燕建平五年

魏天賜初年

後秦弘始六年

南涼去年號罷尚書官畏秦之強

戰于覆舟山大破之玄出走裕立留臺于石頭裕入建康徙屯石頭城立留臺百官焚桓溫神主迎晉新主納于太廟遣諸將追玄

玄至尋陽逼帝西上劉毅等率兵追之毅劉邁之第沛人家于京口

劉裕推武陵王遵承制行事

夏四月玄挾帝入江陵

五燕
魏
三秦
五涼
夏
楊 段

何無忌等及玄兵戰于桑落洲大破之得太廟神主送建康
玄挾帝東下
五月劉毅等及玄戰于崢嶸洲大破之玄復挾帝入江陵寧州督護馮遷討玄誅之帝復位
閏月桓振襲江陵陷之劉毅等進兵討之不克
秋七月永安皇后

何氏崩

冬十月盧循陷番禺徐道覆陷始興

劉毅等復攻桓振諸城壘皆克之

十一月

乙巳 義熙元年

五燕	後燕光始五年 南燕慕容超太上初年	燕王熙與后苻氏遊白鹿山時士卒爲虎狼所害及凍死者五千餘人	
魏	魏天賜二年		
三秦	後秦弘始七年		
五涼	西涼建初初年		
夏			
楊 段			

春正月毅等入江陵桓振亡走桓謙奔秦
西涼公暠遣使來上表
二月帝東還
三月桓振復襲江陵將軍劉懷肅與戰誅之
帝至建康除拜琅琊王德文武陵王遵劉裕以下有差
夏四月以劉裕都督十六州軍事

南燕主備德封其兄子超爲北

秦以鳩摩羅什爲國師

西涼公暠遣使上表

出鎮京口
以盧循為廣州
刺史

五月劉毅何無忌

海王

初備德仕秦為張掖太守後與燕主垂舉兵張掖收備德兄納及諸子殺之納妻段氏方娠未決獄掾呼延平備德之故吏也竊以逃羌中段氏生超十歲平又以超母子奔涼及呂隆降秦徙長安而平卒段氏為超娶其女超恐為秦所錄佯狂行乞備德遣人往視之超不敢告其母妻潛變姓名逃歸備德見超至大喜封為北海王德無子卽以為嗣

五燕

魏

二秦

五涼

夏

楊

段

討滅桓玄餘黨荊湘江豫皆平
秋七月劉裕遣使求和于秦得南鄉等十二郡
九月

南燕主備德卒太子超嗣

西涼徙都酒泉

丙午 二年
夏六月

後燕光始六年
南燕太上二年

魏天賜三年

後秦弘始八年

秦姚碩德自上邽還長安 碩德隴西公與晉公緒皆秦主興之叔父興事之皆如家人禮

秦以禿髮傉檀爲涼州刺史守姑臧

車馬服玩先奉二叔而自服其次國家大政皆咨而後行

冬十月論建義功封賞劉裕等有差

西秦乞伏乾歸如秦

丁未 三年

是歲後燕慕容熙亡舊大國二南涼北涼南燕西涼小國四新小國二凡八僭國

春正月

五燕	南燕太上三年 北燕高雲正始初年
魏	魏天賜四年
三秦	後秦弘始九年 秦以乞伏乾歸爲主客尚書 秦王興以乞伏乾歸寖彊難制留爲主客尚書以其世子熾磐行西夷校尉監其部
五涼	
夏	夏赫連勃勃龍升初年 勃勃魁岸美風儀性辯慧秦王興見而奇之以爲有濟世才乃以爲將軍使助沒奕于鎮高平伺魏間隙興弟邕切止之久之竟配雜虜二萬餘落
楊 段	

閏二月劉裕殺東陽太守殷仲文及桓沖孫胤夷其族

夏四月

六月

衆

後燕后苻氏卒

後燕主熙廢其太后段氏

使鎮朔方會魏主珪歸所虜秦將于秦與歸賀狄干以報之勃勃怒遂謀叛秦襲殺沒奕干而幷其衆自爲夏后氏之苗裔稱大夏天王

赫連勃勃

		秋七月朔日食 涼公暠復遣使來上表
五燕		燕高雲弒其主熙自立爲天王 是爲北燕○初燕將軍馮跋得罪于燕亡命山澤因燕民之怨欲
魏		
三秦		
五涼		涼公暠復遣使上表于晉
夏	自稱大夏天王 勃勃劉衛辰之少子本匈奴南單于之苗裔至是自稱大夏天王謂帝王系與天爲子是爲徽赫實與天相連改姓赫連其非正統者皆以鐵伐爲氏庶朕宗族皆剛銳如鐵堪伐人也勃勃字屈子小字曰屈丐	夏王勃勃破薛干等部降之遂進攻秦及南涼大破之
楊段		

戊申四年

南燕太上四年
北燕高雲正始二年

擧大事入龍城匿于孫護家及燕主熙葬后苻氏徒跣送葬跋等與張興作亂推熙養子夕陽公雲爲主帥衆入宮即天王位執熙殺之復姓高氏以跋錄尚書事

南燕遣使稱藩獻太樂伎于秦秦遣其母妻還之

時南燕主超母妻猶在秦也

魏天賜五年

後秦弘始十年

南涼嘉平初年

	春正月劉裕自爲揚州刺史錄尚書事	冬十一月	己酉 五年 舊大國二南涼北涼南燕西涼夏小國六新小燕國一凡九僭國	春正月
五燕		南燕汝水竭	南燕慕容超太上五年 北燕馮跋太平初年 馮跋信都胡人	
魏			魏拓拔嗣永興初年	
三秦			後秦弘始十一年 西秦更始初年	秦封譙縱爲蜀王 縱蜀人本晉益州刺史毛璩之參軍殺毛璩自稱成都王嗣稱藩于秦劉敬宣等討之秦遣兵
五涼		南涼復稱王		
夏				
楊段				

二月

三月恆山崩

夏四月劉裕伐南燕六月及燕師戰于臨朐大破之遂圍廣固

秋七月

九月

		雷震魏天安殿 與大風毀莽王路堂皆大異也		
救之不克至是秦封爲蜀王	乞伏乾歸自秦逃歸		西秦復稱王	秦王興伐夏夏王勃勃襲而敗之

	冬十月
五燕	北燕弒其君雲馮跋自立爲天王（弒君者寵臣離班桃仁也馮跋討斬之遂即天王位）
魏	魏清河王紹弒其君珪齊王嗣討紹誅之而自立（魏故事立嗣子輒殺其母拓拔珪將立嗣爲子乃賜嗣母劉貴人死召嗣諭之嗣哀泣不自勝乃逃匿于外避之初珪見賀夫人之妹美殺其夫納之生紹紹無賴且殘虐至是譴責賀夫人將殺之未決夫人寄使告紹紹與宮人通謀踰垣入宮弒珪）
三秦	西秦以焦遺爲太子太師
五涼	
夏	
楊段	

庚戌 六年 是歲南燕亡大國二小六凡八僭國

春二月劉裕拔廣固執南燕王超送建康斬之

司馬公曰晉自渡江以來威靈不競戎狄橫騖虎噬中原劉裕始以王師剪平東夏不于此際旌禮賢俊慰撫疲民使蠢士嚮風遺黎企踵而更恣行屠戮以快忿心迹其施設曾苻姚之不如宜其不能蕩一四海成美大之業也豈非有智勇而無仁義使之

北燕馮跋太平二年

魏永興二年

後秦弘始十二年

然哉

盧循寇長沙南康廬陵豫章陷之劉裕引軍還

三月何無忌討徐道覆戰敗死之

夏四月劉裕至建康

五月劉毅及盧循戰于桑落洲敗績循進逼建康

六月劉裕自爲太尉中書監加黃鉞復辭官而受

五燕

魏

三秦

五涼

南涼擊北涼敗績遂遷于樂都

夏

楊 段

黃鉞上書自爲下書復辭後書始受裕之請可見矣

宗室司馬國璠自弋陽奔秦桓玄之亂河間王曇之子國璠叔璠奔南燕還寇陷弋陽至是奔秦秦王興曰劉裕方誅桓玄輔晉室卿何爲來對曰裕削弱王室臣宗族有自修立者裕輒除之方爲國患甚于桓玄耳

冬十月劉裕南擊盧循

十二月劉裕及盧循戰于大雷又戰于左里大破之循及道覆南走裕遣劉藩等追至始興斬徐道覆藩毅之從弟掖人

辛亥 七年

春正月

五燕	
魏	魏永興三年
三秦	後秦弘始十三年 秦王興以其子弼爲尙書令西秦復降
五涼	北涼拔姑臧遂攻南涼不克南涼攻北
夏	夏攻秦杏城斬其守將姚詳遂攻安定東
楊	
段	

三月劉裕始受太尉中書監之命
夏四月盧循寇番禺不克走交州刺史杜慧度擊斬之
詔劉毅兼督江州軍事

壬子 八年
夏四月以劉毅都督荊寧秦雍軍

于秦
涼大敗而還鄉皆克之

西秦攻南北涼襲西涼敗其兵涼不克
西秦攻秦柏陽堡水洛城皆克之

魏永興四年

後秦弘始十四年
西秦乞伏熾磐永康初年

北涼玄始初年

事

六月皇后王氏崩葬僖皇后

冬太尉裕帥師襲荊州殺都督劉毅

十二月遣朱齡石帥師伐蜀太尉裕自加太傅揚州牧復辭不受

五燕	
魏	
二秦	西秦乞伏公府弒其君乾歸秋世子熾磐討公府誅之而自立
五涼	北涼遷于姑臧 蒙遜始稱河西王置官僚
夏	
楊 段	

上書自加下書復辭于是再見裕之譎又可見矣

癸丑 九年

春太尉裕還建康殺豫州刺史諸葛長民

詔申土斷之法併省流寓郡縣 土斷者以土著之例爲決斷時唯青兗徐三州居晉陵者不在斷法

秋七月朱齡石入成都譙縱走死

魏永興五年

後秦弘始十五年 秦太尉索稜以隴西降西秦

夏鳳翔初年 夏築統萬城

詔齡石監六郡軍事

冬

甲寅 十年 是歲南涼亡大國二小五凡七僭國

春三月太尉裕廢譙王文思爲庶人 文思司馬休之之子也

夏五月

秋九月朔日食

五燕				
魏		魏遣使請昏于秦	魏神瑞初年	
三秦			後秦弘始十六年	西秦襲滅南涼俘檀南涼以俘被西秦襲檀歸殺之殺之
五涼				
夏				
楊 段				

乙卯 十有一年

春太尉裕帥師擊荆州都督司馬休之休之拒戰衆潰司馬休之出奔秦秦以爲揚州刺史

太尉裕履劍上殿入朝不趨贊拜不名

北涼上表內附

秋七月晦日食

八月太尉裕還建康以劉穆之爲

魏神瑞二年

魏荐饑

後秦弘始十七年

秦大旱

北涼攻西秦拔廣武

北涼蒙遜遣使上表內附

夏攻秦杏城拔之

左僕射
熒惑不見八十餘日復出東井

冬十月

丙辰

十有二年

春正月太尉裕自加都督二十二州軍事

三月太尉裕自加中外大都督戒

五燕		
魏	魏泰常初年	
三秦	秦姚泓永和初年 秦姚弼姚愔作亂伏誅秦王興卒太子泓嗣	秦送女于魏魏以爲夫人
五涼		
夏		
楊段		

嚴伐秦詔遣瑯邪王德文修敬山陵

秋八月太尉裕督諸軍發建康

冬十月將軍檀道濟克洛陽

詔遣司空高密王恢之修謁五陵

十二月太尉裕自加相國揚州牧封宋公備九錫復辭不受上書自加下書復辭後書始受于是

魏丁零翟猛雀作亂魏討平之

西秦遣使內附裕以爲平西將軍河南公

秦姚懿反伏誅

三見裕之譎益可見矣按自董卓以來除拜書者多矣卓三書操四書惟裕七書裕亦專甚矣

丁巳　十有三年 是歲秦亡大一小五凡六僭國

春正月朔日食

太尉裕引水軍發彭城

二月

三月太尉裕遣使假道于魏魏遣兵屯河北裕遂引兵入河

五燕		
魏	魏泰常二年	
三秦	後秦永和二年	秦姚恢反伏誅
五涼	西涼李歆嘉興初年	西涼公李暠卒世子歆嗣
夏		
楊		
段		

夏四月太尉裕遣兵擊魏于河上大破之

太尉裕入洛陽

秋七月太尉裕至潼關遣王鎮惡帥水軍自河入渭大破秦兵遂入長安秦主泓出降

九月太尉裕至長安送姚泓詣建康斬之

魏置六部大人 以天地四方爲號

夏人進據安定 夏人知裕取關中不能久留乃進據安定嶺北郡縣皆降之裕約爲兄弟勃勃報之

冬十月太尉裕自進爵爲王增封十郡復辭不受

上書自進下書復辭後書始受至是四見矣天下之諭未有如裕者也

十二月太尉裕東還留子義眞都督雍梁秦州軍事

夏王勃勃遣兵向長安

戊午 十有四年

春正月王鎮惡沈

五燕			
魏			魏泰常三年
三秦			
五涼			
夏		夏王勃勃遣兵向長安	夏昌武初年
楊 段			

田子帥師拒夏兵田子矯殺鎮惡安西長史王修討田子斬之參軍傅弘之擊夏兵却之
太尉裕至彭城解嚴瑯邪王德文還建康
夏六月太尉裕始受相國宋公九錫之命
冬十月以西涼公李歆爲鎮西大將軍
劉義真殺其長

魏天部大人白馬公崔宏卒
謚曰文貞

西涼公李歆奉詔爲鎮西將軍
歆遣使告襲位故有

史王修關中大亂十一月夏王勃勃陷長安義真逃歸

初裕之東還也以子義真爲安西將軍守關中王修爲長史鎮惡爲司馬田子等爲參軍及拒夏兵田子矯殺鎮惡王修討斬田子自相殘害至是義真又斬王修于是人情離駭關中大亂夏王之取長安如拾芥耳夫裕在長安夏人已進據安定裕非憯于事者學弈方勸鴻鵠已至于是舉崤函而棄之踵未及旋故都已失書太尉東還留子都督秦雍裕之經略可

五燕

魏

三秦

五涼

是命

夏

夏王勃勃稱皇帝

楊 段

知矣流涕北望果何益哉

彗星見

王莽篡位星亦如此其劉裕將篡之應乎

十二月宋公劉裕弑帝于東堂奉琅邪王德文即位

裕使侍郎王韶之與帝左右密謀弑帝韶之乘間以散衣縊帝于東堂○韶之琅邪臨沂人

以北涼王蒙遜爲涼州刺史

北涼王蒙遜奉詔爲涼州刺史

蒙遜稱藩故有是命

恭皇帝 名德文安帝之弟在位二年

己未 元熙元年

春正月立皇后褚氏葬休平陵上元縣境內

宗室司馬楚之據長社

宗室有才望者多為劉裕誅翦楚之亡匿蠻中及從祖休之奔秦楚之乃亡之汝潁間聚眾以復仇楚之少有英氣折節下士有眾萬餘屯據長社

五燕

魏 魏泰常四年

三秦

五涼

夏 夏真興初年

夏主勃勃還統萬

楊段

裕使沐謙往刺之
謙之待謙過厚精
意勤篤謙不忍發
乃出匕首以狀告
遂委身事之爲之
防衛轉屯柏谷塢

夏四月

秋七月宋公裕始
受進爵之命移
鎭壽陽

冬十月以劉義真
爲揚州刺史

十一月朔日食

十二月宋王裕自
加殊禮進太妃
爲太后世子曰
太子

魏有事于
東廟
助祭者數
百國

西涼地震
星隕

庚申 二年 是歲晉亡宋代凡七國

夏四月長星出竟天

六月宋王裕還建康稱皇帝廢帝爲零陵王以兵守之

宋尊王太后爲皇太后

宋改晉封爵封拜功臣子弟有差

	宋高祖劉裕永初初年
五燕	北燕馮跋太平十一年
魏	魏拓拔嗣泰常五年
三秦	西秦乞伏熾磐建弘初年
五涼	北涼武宣王蒙遜玄始八年 西涼公李恂永建初年
夏	夏世祖赫連勃勃真興二年
楊 段	

晉恭帝元熙二年

秋宋交州刺史杜慧度擊林邑大破降之

八月宋立子義符爲皇太子

宋爲晉諸陵置守衛

冬

北涼王蒙遜誘西涼公歆與戰殺之遂滅西涼

西涼李恂入燉煌稱刺史

歷代統紀表卷之七

偃師段長基述　孫 鼎鑰 鼎鈞 校刊

南北朝以江爲界不能混一故綱目分注其年以紀其事正朔要當屬之南朝宋初猶有西秦大夏北燕北涼西涼數國文帝時始盡滅于魏

無統	辛酉　是歲西涼亡凡六國
宋	高祖劉裕永初二年彭城人在位三年壽六十歲○劉姓漢高帝弟楚元王之後武帝仕晉誅桓玄迎復安帝以劝封宋王受恭帝禪國號宋都建康傳八世歷六十年
北燕	馮跋太平十二年
魏	拓拔嗣泰常六年
西秦	乞伏熾磐建弘二年
北涼	武宣王蒙遜玄始九年
夏	世祖赫連勃勃真興三年
楊	
異國	

按宋自庚申四月即位改元綱目不以大書者紀晉曆之餘也今則可以大書紀年矣曷爲與魏以下並爲列國書之曰此大節也晉自江左偏安

土宇分裂綱目猶大書其紀年者以承西晉之正統也宋氏篡晉承其舊疆非能恢復混一其視魏之在北等耳而魏祖猗盧初亦受封于晉至是稱帝再世漸變華風繼者益可稱述綱目並而書之夫豈過哉自是歷齊梁陳至隋文九年既平江南天下爲一而後以開皇大書故曰統正于下而人道定矣然則其先宋何也內諸夏也

春二月

宋祀南郊大赦以廬陵王義真爲司徒徐羨之爲尚書令揚州刺史傅亮爲僕射

魏築苑周二十餘里

北涼屠燉煌殺李恂于是西域諸國皆詣蒙遜稱臣朝貢

夏四月

宋毀淫祠

秋九月

宋主劉裕

宋武帝永初三年

	冬十一月	壬戌 春
宋	弑零陵王于秣陵 裕嘗欲害王王慮之與褚妃共處一室飲食所資皆出褚妃至是裕使褚淡之與兄叔度往視妃妃出別宇相見兵踰垣面入進藥于王王不肯飲兵人以被掩殺之 葬晉恭帝于冲平陵 上元縣境內	宋永初三年 以徐羨之爲司空錄
北燕		
魏		魏泰常七年
西秦		
北涼		
夏		
楊		
異國		

	夏四月	五月	六月
尙書事以廬陵王義眞都督雍豫等州軍事		宋主裕殂太子義符嗣	以傅亮爲中書監尙書令謝晦爲中書令謝方明爲丹陽尹
		魏立子燾爲太子監國	
	宋封楊盛爲武都王		

冬

魏遣司空奚斤督諸將擊宋取青兗諸郡宋遣南兗州刺史檀道濟救之

按自晉南渡中原板蕩莫克致討劉裕獨能乘時奮發所向成功既定南燕遂平關洛中原之勢已少振矣倘心存恢復豈難蕩一海內而成一統之業乃心圖篡事急于東還絶不以中原為意卒至有東堂之弑秣陵之酖則向之擊孫恩盧循討玄伐燕者何為哉崔浩曰劉裕之平禍亂司馬德宗安帝小名之曹操也豈不信哉

癸亥

宋營陽王景平初年

宋	宋主義符景平初年武帝子在
北燕	
魏	魏泰常八年
西秦	
北涼	
夏	
楊	
異國	

春正月	二月	夏四月	閏月	秋七月
位一年 以蔡廓爲吏部尚書不受				
魏取宋金墉	魏築長城	諸蠻入貢	魏拔虎牢執宋司州刺史毛德祖遂取司豫諸郡	
		秦遣使入貢于魏		
				柔然攻北涼殺其世子政德 柔然北狄國名元魏明元帝末

宋營陽王景平初年

國	
宋	
北燕	
魏	
西秦	
北涼	
夏	
楊	
異國	掠騎得一奴髮始與眉齊其主字之曰木骨閭蓋虜語首禿木骨閭與郁久閭音相近因以爲氏至其子車鹿會雄健始有部衆自號柔然魏太武以其無知狀類動蟲改其號曰蠕蠕初柔然部人世服于代及秦滅代遂附于劉衛辰魏王珪即位高車諸部皆服獨柔然不下晉武帝太元十六年珪引兵擊之追至大磧南牀山下大破之悉誅其部衆于雲中至晉安帝元興間魏因與秦有隙攻其屬國沒奕干柔然可

冬十一月

魏取宋許昌汝陽

魏主嗣殂

太子燾嗣

魏立天師道場

珪之始帝置五經博士之始立齋立天師道場二祖之異尚可見矣○晉

汗社崙遺將救之大敗遠遁漢北奪高車地而居之遂吞併諸部雄于北方自號豆代可汗社崙死其弟斛律立三年步鹿真逐斛律而自立社崙之子大壇又殺而代之

宋文帝元嘉初年

甲子

春正月

夏五月

	甲子	春正月	夏五月
宋	宋景平二年 太祖文帝義隆元嘉初年	廢廬陵王義真爲庶人	徐羨之傅亮謝晦廢其主義符爲營陽王遷于吳六
北燕			
魏	魏太武帝燾始光初年		
西秦			
北涼			
夏			
楊			
異國			

孝武立精舍拓拔燾立道場孝武不免張貴人之禍而燾亦殞于宗愛之手報應之說何其爽歟

秋八月

冬十一月

月弒之迎宜都王義隆于江陵殺前廬陵王義真以謝晦行都督荊湘等州軍事

宋主義隆嗣

吐谷渾王阿柴卒弟慕璝嗣

阿柴有子二十人疾病召諸子弟謂之曰先公車騎舍其子拾虔而授孤孤敢私于緯代而忘先君之志

宋文帝元嘉初年

宋	
北燕	
魏	
西秦	
北涼	
夏	
楊	
異國	乎我死汝曹當奉慕璝爲主緯代者阿柴之長子慕璝者阿柴之母弟叔父烏紇提之子也○吐谷渾西域國古析支之地其先本遼東鮮卑徒河涉歸之庶長名吐谷渾慕容廆庶兄也其父涉歸分爲二部以隸之因二部馬鬭廆讓之令其遠異渾因西徙遂西傳陰山而居屬晉永嘉之亂始度隴據洮水之西極于白蘭稱河南王渾長子吐延吐延子葉延因王父字爲氏因自號其國曰吐谷渾葉延子曰辟奚太和

十二月

夏世子璝殺其弟倫倫兄昌討璝殺之

夏主將廢太子璝而立少子倫璝將兵伐倫倫拒之敗死倫兄昌襲璝殺之而并其衆歸于統

六年附于苻秦辟奚子視連太元十五年附于乞伏乾歸辛子視羆嗣隆安四年爲乾歸所敗卒弟烏紇提立尋死視羆之子樹洛干立義熙十三年卒弟阿柴立自以兵力浸并旁小種遂爲強國

		乙丑	春正月	二月	三月
宋		宋元嘉二年	宋主始親聽政		
北燕				燕有女子化爲男	
魏		魏始光二年			魏主尊保母竇氏爲保太后 漢宣之初阿保賜物而已至漢安王聖漢順宋娥皆封君于是至尊爲太后甚哉 以長孫嵩爲太尉長
西秦					
北涼					
夏	萬夏主大悅立昌爲太子	夏赫連昌承光初年			
楊					
異國					

夏六月

孫翰爲司徒奚斤爲司空

武都王楊盛卒子玄嗣

秋八月

夏主勃勃殂世子昌嗣

丙寅

春正月

宋元嘉三年討徐羨之傅亮殺之以王弘爲司徒錄尚書事彭城

魏始光三年

		閏月
宋 宋文帝元嘉三年	王義康都督荊湘等州軍事謝晦舉兵反江陵	子劭生 初袁皇后異劭形貌異常后恐其破國亡家欲殺之帝急禁之乃止以尚在諒闇故祕之至是始言劭生○宋主育子于諒闇卒有商臣之禍徽之不可顯其掩也如此 宋主自將討謝晦二月殺之
北燕		
魏		
西秦		
北涼		
夏		
楊		
異國		

三月	夏五月	冬十月	十一月
以謝靈運為祕書監顏延之為中書侍郎	以檀道濟為江州刺史到彥之為南豫州刺史宋主始親聽訟		
		魏主自將攻夏	魏主入統萬別將取蒲坂及長安
			夏攻秦入枹罕

	丁卯	春正月	夏五月	六月朔日食	秋八月
宋	宋元嘉四年	宋主謁京陵			
北燕					
魏	魏始光四年	魏主入平城	魏主發平城 魏奚斤與夏平原公相持于長安魏主欲乘虛伐統萬五月發平城	夏主及魏主戰于統萬敗走上邽魏取統萬	魏主還平城
西秦				秦遣使入貢于魏	
北涼					
夏					夏安定降魏
楊					
異國					

冬十一月

晉徵士陶潛卒（潛字淵明潯陽人侃之曾孫也少有高趣博學不羣自以先世爲晉輔恥復屈身後代自宋高祖王業漸隆不肯復仕世號靖節先生卒于宋而書晉潛始終晉人也）

魏封楊玄爲南秦王

戊辰

春二月

宋元嘉五年

魏神䴥初年

魏人及夏戰于上邽執其主昌

西秦乞伏暮末永弘初年

北涼承玄初年

夏赫連定勝光初年

夏赫連定稱帝于平涼

宋文帝元嘉六年

		夏五月	六月	秋	冬十一月朔日食	己巳 春正月
宋			以王弘為衛將軍開府儀同三司			宋元嘉六年 以彭城王
北燕						
魏	以歸					魏神䴥二年 丁零來降
西秦		秦王乞伏熾磐卒世子暮末嗣		秦及涼平		
北涼			涼侵秦		涼復攻秦	
夏	定夏平原公夏復取長安					
楊 異國						丁零降魏

三月

夏五月朔日食

秋七月

義康爲司徒錄尚書事江夏王義恭都督荊湘等州軍事

立子劭爲太子

涼及吐谷渾侵秦敗績涼世子興國被獲

武都王楊玄卒弟難當廢其子保宗而代之

柔然大檀可汗死子敕連可汗吳提嗣

八月

冬十月

十一月朔日食星晝見

魏遣兵擊高車降之

魏以崔浩爲撫軍大將軍

秦地震

庚午

宋文帝元嘉七年

宋元嘉七年

魏神䴥三年

夏六月

宋封楊難當爲武都王

秋八月

林邑來貢

林邑入貢于宋

九月

燕王馮跋殂弟弘殺

魏主如統萬

西秦自正月不雨至

宋 北燕 魏 西秦 北涼 夏 楊 異國

	冬十月	十一月	十二月	辛未 是歲秦夏皆亡凡四國 春正月
宋元嘉八年		遣檀道濟伐魏到彥之棄軍走	以長沙王義欣爲豫州刺史	檀道濟救滑臺敗魏
燕王馮弘太興初年	其太子翼而自立			
魏神䴥四年	魏取宋金墉虎牢	魏取夏安定隴西攻宋滑臺北涼來貢	魏人克平涼復取長安	
	于是月 秦遷保南安			秦主暮末被夏主執
北涼義和初年		涼遣使入貢于魏		
		夏及魏人戰敗走上邽魏取安定隴西		夏滅秦以秦王暮末

宋文帝元嘉八年

		二月	夏六月	閏月	秋八月	九月
宋	師于壽張	檀道濟引軍還青州刺史蕭思話棄城走				
北燕						
魏		魏克滑臺魏主還平城復境內租一歲		魏遣使如宋求昏	涼遣子入侍 吐谷渾來奉表	魏以崔浩爲司徒長
西秦	歸殺之 秦亡					
北涼					涼遣子入侍于魏	
夏　楊	歸殺之		夏擊涼吐谷渾襲敗之執其主定以歸 夏亡			
異國					吐谷渾奉表于魏	

冬十月

孫道生爲司空

遣使授涼王蒙遜官爵

魏使崔浩定律令

蒙遜稱涼王王七部置將相百官建天子旌旗

壬申

春正月

宋元嘉九年

魏延和初年

魏尊保太后爲皇太后立子晃爲太子保母竇氏也太后非矣加皇又甚焉

宋文帝元嘉十年

	癸酉	三月	夏五月	六月	秋七月
宋	宋元嘉十年	以王弘爲太保檀道濟爲司空還鎭尋陽	太保王弘卒	以司徒義康領揚州刺史	以殷景仁爲尚書僕射
北燕					
魏	魏延和二年				
北涼	北涼沮渠牧犍承和初年				
楊					
異國		吐谷渾送故夏主定于魏魏人殺之			吐谷渾告捷于宋

甲戌	春二月	夏四月	五月	冬十一月
宋元嘉十一年			林邑遣使入貢	謝靈運有罪誅
魏延和三年	魏以燕馮崇爲遼西王 燕長樂公馮崇降魏魏以爲遼西王			
		涼王蒙遜卒子牧犍嗣		
				楊難當襲宋漢中據之
			林邑遣使入貢于宋	

宋文帝元嘉十二年

	春	乙亥 春正月朔日食	夏五月
宋	梁秦刺史蕭思話討楊難當破之復取漢中	宋元嘉十二年	
北燕	燕王弘稱藩于魏	燕王弘稱藩于宋	
魏	魏及柔然和親	魏太延初年	西域九國遣使入貢
北涼	涼遣使奉表于宋	涼有神投書于敦煌東門 有老人投書求之不得書曰涼王三十年若七年	
楊			
異國			西域九國入貢于魏

六月

宋大水設酒禁

高麗王璉遣使入貢

高麗入貢于魏

秋七月

禁擅鑄像造寺者

丙子　是歲燕亡凡三國

春三月

宋元嘉十三年

殺其司空檀道濟

劉湛說司徒義康矯詔殺之也道濟見收目光如炬脫幘投地曰乃壞汝萬里長城

魏太延二年

楊難當自稱大秦王

難當稱王改元建義立王后太子置百官皆如天子然猶奉貢宋魏不絕

夏

魏伐燕燕王弘奔高麗

御批

國家設守令以牧百姓

	秋七月	冬	丁丑 春三月	夏五月
宋		鑄渾儀 詔太史令錢樂之鑄	宋元嘉十四年	
魏	魏伐楊難當于上邽降之	魏置野馬苑	魏太延三年 魏以南平王渾爲鎮東大將軍鎮和龍	魏詔吏民告守令罪西域來貢
北涼				涼遣子入侍于魏遣使如宋
楊	楊難當降魏			
異國		柔然絕魏和親寇其邊		西域朝貢于魏

其貪墨不法者固可爲悢若魏詔吏民告守令則非矣小民得以犯上則名分蕩然紀綱不振其害有不可勝言者懲貪自有國法何其計之拙也

戊寅

春二月

三月

冬十一月朔日食

宋元嘉十五年 以吐谷渾爲隴西王

立四學以雷次宗爲給事中不受

魏太延四年

吐谷渾慕利延爲隴西王

高麗殺故燕王弘并其子孫十餘人

己卯 是歲涼亡凡二國

春二月

宋元嘉十六年 以衡陽王

魏太延五年

楊保宗奔

		夏六月	冬十月	十二月	庚辰
宋	義季都督荊湘等州軍事			太子劭冠	宋元嘉十七
魏		魏伐涼九月姑臧潰涼王牧犍降	魏張掖王禿髮保周據郡叛	魏主還平城 命崔浩高允修國史	魏太平真君
		涼王牧犍降魏涼亡			
楊	魏魏以爲武都王守上邽				
異國					

春正月

夏四月朔日食

六月

秋七月

冬十月

年				劉湛有罪誅以彭城王義康為江州刺史江夏王義恭為司徒
初年		大赦改元	討禿髮保周殺之沮渠無諱降	
	沮渠無諱寇魏酒泉 涼之亡牧犍之弟無諱出奔敦煌至是寇酒泉拔之		沮渠無諱降魏	

		辛巳	壬午
		春正月	春正月
宋	錄尚書事始興王濬爲揚州刺史	宋元嘉十八年 以彭城王義康都督江交廣州軍事	宋元嘉十九年
魏		魏太平真君二年 新興王俊謀反伏誅	魏太平真君三年 魏主詣道壇受符籙
楊		楊難當寇宋漢川宋遣兵討之	
異國			

夏四月

五月

秋七月晦日食

九月

冬十二月

	討楊難當平之		修孔子廟
			以李寶爲敦煌公
沮渠無諱西據鄯善 李寶入據敦煌		沮渠無諱襲據高昌宋封爲河西王 高昌西域國名都交河城在鄯善北伊吾南漢車師前王之故地也	

	癸未	甲申
	夏四月	春正月
宋	宋元嘉二十年	宋元嘉二十一年 宋主耕籍田大赦
魏	魏太平真君四年 殺其武都王楊保宗	魏太平真君五年 以太子晃總百揆禁私養沙門巫覡令公卿子弟皆入太學
楊	楊保宗被殺宋以其弟文德爲武都王	
異國		

二月

以江夏王義恭爲太尉

夏六月

罷舊俗所祀胡神

沮渠無諱卒弟安周嗣

秋八月

以衡陽王義季爲兗州刺史南譙王義宣爲荊州刺史

魏主畋于河西敦煌公李寶入朝于魏魏人留之

柔然敕連可汗死子處羅可汗吐賀真嗣

乙酉

春正月朔

宋元嘉二十二年

魏太平真君六年

宋行元嘉

宋文帝元嘉二十二年		三月	秋七月	八月	冬十二月
宋	曆以武陵王駿爲雍州刺史		討覃蠻平之		太子詹事范曄謀反
魏		詔中書以經義決疑獄		伐鄯善鄯善降伐吐谷渾慕利延走據于闐	
楊					
異國				鄯善降魏魏伐吐谷渾慕利延走據于闐	

御批
魏信道士寇謙之以黜

伏誅惑于孔熙先之謀欲弑宋主立義康也

廢彭城王義康爲庶人徙安成郡

始備郊廟之樂

丙戌

春正月

三月

夏六月朔日食

宋元嘉二十三年

伐林邑

克林邑

築北隄立

魏太平真君七年

誅沙門毀佛書佛像

築塞圍

沙門因有詔無少長悉誅之素無明禁一旦盡行殲除可謂不教而殺亦慘甚矣
（右欄首三字：沙門復因佛寺有兵器）

	秋八月	丁亥 春三月	冬十月
宋	玄武湖起景陽山于華林園	宋元嘉二十四年 鑄大錢 衡陽王義季卒	
魏		魏太平真君八年 殺沮渠牧犍	
楊			楊文德據葭蘆五郡氐皆應之
異國	吐谷渾復還故土		

宋文帝元嘉二十四年

戊子

	春正月	夏四月	秋
宋元嘉二十五年		以武陵王駿爲徐州刺史 罷大錢	
魏太平真君九年	擊楊文德文德敗走漢中宋免其官削爵土 山東饑罷塞圍役者		般悅國遣使來請合擊柔然許

宋文帝元嘉二十六年

	冬十二月	己丑 春正月	秋七月	九月
宋		宋元嘉二十六年	以隨王誕爲雍州刺史	
魏	之擊焉耆龜茲破之西域平	魏太平真君十年 伐柔然可汗遁走		伐柔然大獲
楊				
異國		柔然可汗遁走		

庚寅

	夏四月	六月	秋
宋元嘉二十七年	以江湛爲吏部尚書		大舉侵魏取碻磝圍滑臺冬十月魏主自將救之將軍王玄謨退走
魏太平真君十一年		殺司徒崔浩夷其族	

宋文帝元嘉二十七年

	冬十一月	十二月
宋	雍州參軍柳元景大破魏師于陝斬其將張是連提進據潼關而還	
魏	魏主進至魯郡以太牢祠孔子永昌王仁克懸瓠遂敗宋師于尉武殺其將劉康祖進逼壽陽	魏主引兵南下攻盱眙不克進次瓜步宋人戒嚴守江　魏及宋平
楊		
異國		

辛卯	春正月	二月	夏六月	秋
宋元嘉二十八年	殺其弟義康	令民遭寇者蠲其稅調		
魏太平真君十二年	魏師還復取碻磝魏主攻盱眙宋將軍臧質拒之魏師退走		太子晃卒諡曰景穆	宋魏復通好

	壬辰 春二月
宋	宋元嘉二十九年
魏	魏高宗濬太武燾之孫興安初年 中常侍宗愛弑其君燾而立南安王余余世祖之子也以愛爲大司馬 賀善贊曰太武即位首立天師道場繼詣道壇受符籙雖能汰沙門廢佛寺蓋好尚之異也然書徵世胄遺逸令公卿子弟入學詔以經義決疑獄亦駸駸乎
楊	
異國	

夏五月

變夏矣至進至魯郡以太牢祠孔子綱目獨深予而特書之功業不終惜哉

太子劭始與王濬巫蠱事覺赦不誅

燕王旦謀反赦不誅所以有元鳳之反王氏五侯有罪赦不誅所以有初始之篡大子劭等巫蠱赦不誅所以有末年之禍綱目一以赦書之所以著不斷之亂也

癸巳	冬十月	秋八月
宋元嘉三十年		
魏興安二年	宗愛弑其君余魏主濬立討愛誅之復建佛圖聽民出家行玄始曆初魏入中原用景初曆︵魏明帝徽年號︶世祖克沮渠氏得趙𢾾玄始曆時人以為密是歲始行之	
楊		
異國		吐谷渾慕利延卒兄子拾寅嗣

春正月

以始興王濬爲荊州刺史

遣武陵王駿統諸軍討西陽蠻

二月

太子劭弑其君義隆及其左衛率袁淑僕射徐湛之尚書江湛而自立以何尚之爲司空

尊保太后爲皇太后

三月

宋劭殺其吏部尚書

夏四月

秋七月朔日食

宋	王僧綽 江州刺史武陵王駿舉兵討劭宋人立駿五月劭及弟濬皆伏誅復以何尚之爲尚書令以南郡王義宣爲荆湘刺史 宋主殺其弟南平王鑠
魏	
楊	
異國	

甲午

春正月

二月

夏

宋世祖孝武帝駿孝建初年

文帝第三子在位十一年年三十五歲

立子子業為太子

江州刺史臧質以南郡王義宣舉兵反夏宋主遣兵討質誅之以朱修之為荊州刺

魏興光初年

秋七月朔日食

乙未

秋八月

冬十月

宋

史劉義宣伏誅　修之入江陵殺義宣並誅其子十六人

宋孝建二年

宋主殺其弟武昌王渾　渾年十七作檄文建號改元與左右爲戲笑則罪也而殺之未免已甚

裁損王侯制度

魏

魏太安初年

楊

楊元和楊頭宋以爲

異國

御批

齊家乃平治之原太子爲國家之本選建儲位則其母必素被刑于之化者矣

將軍

元和保宗子也頭乃元和之族父

丙申

春正月

宋孝建三年

魏太安二年

立貴人馮氏爲后

遼西公朗之女也

二月

以宗慤爲豫州刺史

立子弘爲太子

魏主立子以爲太子生三年矣依故事賜其母李貴人死

秋七月

以西陽王子尚爲揚州刺史

藉以養育青宮裨益匪淺稽諸往牒如申生之母尚在則驪姬之譖不行晉國之家庭骨肉豈至有慘禍耶漢武帝欲立太子乃先賜鉤弋夫人死特有懲于呂后之故而耄年計拙遂至因噎廢食也至北

	八月	冬十月	十二月	丁酉 春正月	夏六月	秋八月
宋		以江夏王義恭爲太宰	光祿大夫顏延之卒	宋大明初年	以顏竣爲東揚州刺史	以竟陵王
魏	擊伊吾克之			魏太安三年 以尉眷爲太尉錄尚書事		
楊						
異國						

魏時竟相沿爲故事而踵行之使其子以得立而喪母將必有大不忍于其中者嗣服繼統之日欲以孝治天下能無隱恫哉夫漢武固雄材大略之主也而舉動不常流弊一至于此惜哉

誕爲南兗州刺史劉延孫爲南徐州刺史

戊戌

春二月

夏六月

秋八月

冬十月

宋大明二年

沙門曇標謀反伏誅

殺其中書令王僧達

魏太安四年

以高允爲中書令

己亥

宋大明三年

魏太安五年

魏主伐柔然刻石紀功而還

	夏四月	五月	秋七月	九月	庚子 春正月
宋	竟陵王誕反廣陵宋主遣兵討之	殺東揚州刺史顏竣	克廣陵劉誕伏誅	築上林苑本孫吳所創宋重修之	宋大明四年 宋主耕籍田三月后親蠶西郊太后觀禮
魏					魏和平初年
楊					
異國					

夏六月
冬十月

以顏師伯爲侍中

伐吐谷渾

柔然攻高昌殺沮渠安周
沮渠氏亡以闞伯周爲高昌王高昌稱王自此始

柔然攻高昌殺沮渠安周

辛丑

春正月雪
夏

宋大明五年

立明堂
海陵王休茂反襄陽爲其下所殺
休茂宋主之弟

魏和平二年

秋九月朔日食
冬十月

壬寅
春正月
夏四月
秋九月

宋
以新安王子鸞為南徐州刺史鸞宋主之子

宋大明六年
始祀五帝于明堂
策孝秀于中堂
淑儀殷氏卒子鸞之母也
制沙門致敬人主

魏
魏和平三年

楊

異國

癸卯

夏

宋大明七年

制非臨軍毋得專殺非手詔毋得興軍

六月

大修宮室

冬十月

宋主校獵姑孰

十一月

宋主習水軍于梁山

魏和平四年

甲辰

夏閏五月

宋大明八年

宋主駿殂太子子業嗣

魏和平五年

	秋七月	八月	乙巳	夏五月	秋七月
宋	以蔡興宗為新昌太守王玄謨為南徐州刺史	太后王氏殂子業之母也	宋主子業景和初年 明帝彧泰始初年		
魏			魏和平六年	魏主濬殂太子弘嗣	魏乙渾自為丞相
楊					
異國	柔然處羅可汗死子受羅部真可汗予成立改號永康				

八月

宋主殺其太宰江夏王義恭尚書令柳元景僕射顏師伯

九月

宋主殺其弟新安王子鸞義陽王昶出奔魏

冬十月

宋主殺其會稽太守孔靈符靈符所至有政績以忤犯近臣近臣譖之子業遣使鞭殺並其二子

十一月

宋

宋殺寧朔將軍何邁邁尚子業姑新蔡長公主子業納公主于後宮謂之謝貴嬪詐言主薨殺宮婢還邁第殯葬邁素豪俠多養死士謀廢子業立晉安王子勛事泄見殺

宋主幽其諸父湘東王彧等于殿內

以湘東王彧肥謂之豬王謂建安王休仁為殺王謂山陽王休祐為賊王東海王禕性劣謂之驢王以木

魏

楊

異國

槽盛食裸或內泥小中使就槽食前後欲殺以十數

宋江州刺史晉安王子勛舉兵尋陽

宋主殺南平王敬猷廬陵王敬先安南侯敬淵

子業召諸王妃列于前彊左右使辱之南平王鑠妃不從子業怒鞭一百殺其三子

宋弒其君子業而立湘東王彧

丙午	春正月
宋泰始二年	宋遣建安王休仁討江州晉安王子勛遂稱帝二徐司豫青冀湘廣梁益州皆應之子勛改元義嘉宋兗州刺史殷孝祖帥兵赴建康
魏獻文帝弘天安初年濬之子	

宋 魏 楊 異國

宋太后路氏殂 太后孝武之母宋主與孝武爲異母弟

二月

宋以蔡興宗爲僕射褚淵爲吏部尚書

魏丞相太原王乙渾謀反伏誅太后稱制

三月

宋臺軍敗于赭圻殷孝祖死沈攸之代將擊尋陽軍大破之

夏四月

宋臺軍拔赭圻進圍壽陽

宋明帝泰始二年

	冬十月	九月	八月	秋七月
宋	宋主殺其兄之子安陸王子綏等十三人 世祖二十八子于此盡矣		宋臺軍克江州殺子勛	
魏		魏立郡學		
楊				楊僧嗣宋以爲武都王 初武都王楊元和棄國奔魏其從弟僧嗣代立
異國				

宋立子昱為太子 宋主無子嘗以宮人陳氏賜嬖人李道兒已復迎還生昱

丁未

	春正月	秋八月
宋泰始三年	宋以蔡興宗為郢州刺史 宋以袁粲為僕射	宋遣將軍蕭道成鎮
魏皇興初年	魏取宋淮北四州及豫州淮西地 魏東平王道符反長安伏誅	魏作大像高四十三尺用銅十

宋明帝泰始四年

	冬十月	戊申 夏四月	秋七月
宋	淮陰道成蘭陵人 宋以金贖義陽王昶于魏	宋泰始四年 宋減民田租之半	宋以蕭道成爲南兗州刺史
魏	萬斤黃金六百斤○識媚佛也 魏主始親政事	魏皇興二年 魏以李惠爲征南大將軍馮熙爲太傅惠李夫人之父熙馮太后之兄	
楊			
異國			

己酉

春二月

宋泰始五年

宋以太尉盧江王褘爲南豫州刺史

魏皇興三年

夏五月

魏置僧祇佛圖戶祇字下無一畫音祈

六月

宋主殺其兄盧江王褘

魏立子宏爲太子

冬十月朔日食

十二月

宋以桂陽王休範爲

		庚戌 春正月	夏六月
宋 宋明帝泰始六年	揚州刺史 宋臨海賊起 臨海田流自稱東海王剽掠海鹽殺鄞令東土大震	宋泰始六年 宋定南郊一間祭二年明堂一間祭一年歲祀 宋太子昱納妃江氏	宋以王景文為僕射
魏		魏皇興四年 魏擊吐谷渾敗之	柔然侵魏魏主自將
楊			
巽國			

揚州刺史
以南兗州
刺史蕭道
成爲黃門
侍郎尋復
本任
立總明觀
宋討臨海
賊平之

擊敗之
魏殺其青
州刺史慕
容白曜

辛亥

春二月

宋泰始七年

宋主殺其
弟晉平王
休祐以巴

魏皇興五年
魏孝文帝宏延興初年
弘之子

宋明帝泰始七年

		夏五月	秋七月
宋	陵王休若爲南徐州刺史	宋主殺其弟建安王休仁 宋以袁粲爲尚書令褚淵爲僕射	宋主殺其弟巴陵王休若以桂陽王休範爲江州刺史 宋殺豫州
魏			
楊			
異國			

都督吳喜
宋以蕭道成爲散騎常侍

八月
魏主弘傳位于太子宏自稱太上皇帝

冬十月
宋作湘宮寺

壬子
春二月
宋泰豫初年
宋殺其揚州刺史江安侯王景文景文王后兄也
魏延興二年
宋蠻酋桓誕以沔北降魏大陽蠻酋桓誕擁沔北八萬餘落降魏自

宋明帝泰豫初年

		夏四月	秋七月
宋	景文方與客棋叩函看敕已復置局下神色不變局竟徐告客曰奉敕當死作墨啓謝飲藥卒惜哉若畀景文以託孤之任豈不愈于道成乃反疑而殺之何哉	宋主彧殂 太子昱嗣 宋以安成王準爲揚州刺史 準實桂陽王休範之子而太宗以爲己子	宋以沈攸之都督荊襄八州軍
魏	桓立之魏以爲東荊州刺史 柔然侵魏魏擊走之		
楊			
異國			

八月

宋中書監樂安公蔡興宗卒諡曰宣穆

癸丑

春二月

宋主昱元徽元年

宋以晉熙王爕爲郢州刺史爕宋主之弟也

魏延興三年

吐谷渾侵魏魏遣兵擊降之

魏以孔乘爲崇聖大夫孔子二十八世孫

冬十月

武都王楊僧嗣卒弟

	宋	魏	楊	異國
十二月朔日食		魏州鎮十一水旱	文度嗣降于魏	柔然侵魏
甲寅	宋元徽二年	魏延興四年		
夏五月	宋桂陽王休範舉兵反攻建康右衛將軍蕭道成擊斬之			
六月	宋以蕭道成爲中領軍	魏罷門房之誅門房之誅謂一人爲惡殃及閤門		

秋七月

柔然侵魏敦煌

九月

宋以袁粲爲中書監領司徒褚淵爲尚書令劉秉爲丹陽尹

冬十一月

宋主冠

魏建安王陸馛卒諡曰貞

乙卯

宋元徽三年

魏延興五年

春三月

宋以張敬兒都督雍梁州軍事

宋主昱元徽四年

年月	宋	魏	楊	異國
夏六月	宋建平王景素有罪奪官			
丙辰 夏六月	宋元徽四年 宋加蕭道成左僕射劉秉中書令	魏承明初年 魏太后馮氏弒其主弘復稱制		
秋七月	宋建平王景素起兵京口不克而死 昱立三年昏狂益甚景素起兵亦不得已耳			

丁巳

春三月

秋七月

九月

宋元徽五年
順帝準昇明初年

秋七月：宋中領軍蕭道成弒其主昱而立安成王準自爲司空錄尚書事

九月：宋封楊玉夫等二十五人爵有

魏太和初年

春三月：魏以東陽王丕爲司徒

		冬十月	十一月
宋順帝昇明初年 宋	差玉夫等行弒者也行弒者而顯封之至二十五人天理滅矣		宋荆襄都督沈攸之舉兵江陵討蕭道成宋中書監袁粲尚書令劉秉謀誅蕭道成不克而死宋蕭道成
魏		魏殺其徐州刺史李訢	魏拔葭蘆斬楊文度以其弟文弘爲武都王
楊		武都王楊文度襲魏仇池陷之	魏殺楊文度以其弟文弘爲武都王
異國			

假黃鉞出頓新亭

戊午

春正月

宋昇明二年

宋沈攸之軍潰走死蕭道成自為太尉都督十六州諸軍事

夏四月

宋蕭道成殺南兗州刺史黃回

五月

魏太和二年

魏禁宗戚士族與非類昏偶以

宋順帝昇明二年

		秋八月	九月朔日食	冬十月	十二月
宋		宋以蕭賾爲領軍將軍蕭嶷爲江州刺史	宋蕭道成自爲太傅揚州牧加殊禮	宋以蕭映爲南兗州刺史蕭晃爲豫州刺史	
魏	違制論				魏太后殺其青州刺史南郡王
楊					
異國					

己未

是歲宋亡齊代

李惠 惠李夫人之父

魏以高允爲中書監

魏太和三年

宋昇明三年

齊高帝蕭道成建元初年

蘭陵人蕭何二十四世孫都建康傳七主歷二十四年○高帝在位四年壽五十六

春正月

宋以蕭嶷爲荊州刺史蕭賾爲僕射

三月朔日食

宋蕭道成

宋順帝昇明三年

宋　齊

自爲相國

封齊公加九錫

以十郡爲齊國官爵禮儀並倣天朝

齊公道成殺宋臨川王綽

綽義慶之子也

齊以王儉爲僕射

是時道成猶爲宋臣而綱目不繫之宋者著其權勢之盛已非宋之所得而臣也夫以曹馬之篡猶遲之歷年之久劉裕代晉亦必南征北伐有功

魏

楊

異國

而後取今道成直以乘時擾竊近在旦夕之間其視曹馬輩豈不及矣

夏四月

齊公道成自進爵爲王

齊王道成殺宋武陵王贊

齊王道成稱皇帝廢宋主爲汝陰王徙之丹陽以褚淵爲司空

淵以前朝顧命大臣躬受託孤

宋順帝昇明三年

	宋順帝昇明三年
宋齊	之任既而道成弑逆不能為國捐軀乃覘然無恥手持璽綬勸進齊宮篡事既成躬荷上公之寵拜伏于篡君之前使淵稍有人心則宜于此焉變奚綱目以為司空大書于篡國之下所以深誅之也　齊主以其子嶷為揚州刺史　齊褚淵王儉等進爵有差　處士何點戲謂人曰我作齊書已竟其贊曰淵既世族儉亦國華不賴舅
魏	
楊	
異國	

氏追恤國家野尚之之孫也淵儉母皆宋公主故黜云然

五月

齊主道成弒汝陰王滅其族

方漢之衰也魏得之魏之衰也晉得之晉衰而宋得宋衰而齊得漢之山陽魏之陳留猶得終其天年宋于零陵直殺之而已然猶有遺種焉至于齊乃揜汝陰之族類而滅之嗚呼漢得天下以善而人亦報之以善故獻帝雖廢猶得善終晉則弒君矣故其後也人亦弒之然彼猶善待其所禪之人也至于宋則既受其禪又弒其人此其所以得族滅之報也然未幾西昌勦絕道成之祀亦無復孑遺者是豈果無天道耶噫可畏也

齊立世子賾爲太子諸子皆封王

魏隴西王

秋九月

齊高帝建元二年

	冬十月	庚申 春二月 夏五月 秋九月朔日食
齊	齊以王玄邈爲梁州刺史	齊建元二年 齊以蕭嶷爲郢州刺史 鸞齊主兄道生之子早孤齊主養之恩過諸子 齊立建康都墻
魏	源賀卒 魏以梁郡王嘉奉丹陽王劉昶以伐齊 契丹來附	魏太和四年
楊		
異國	契丹入附于魏 契丹莫賀弗勿于帥部落萬餘口入附于魏居白狼水東	

冬十月

齊以何戢爲吏部尚書

十一月

十二月

齊以褚淵爲司徒

淵入朝以腰扇障日征虜功曹劉祥曰作如此舉止羞面見人扇障何益淵曰寒士不遜祥曰不能殺袁劉安得免寒士

魏封尚書令王叡爲中山王

楊後起齊以爲武都王

後起難當之孫也

辛酉

春二月

夏五月

秋七月朔日食

九月

齊建元三年

齊敗魏師于淮陽

魏太和五年

魏沙門法秀作亂伏誅

前宋沙門曇標作亂于是再見矣可以爲好異端者之戒也

魏尙書令王叡卒

吐谷渾王拾寅卒子度易侯嗣

齊 魏 楊 異國

壬戌

春三月

齊建元四年
齊主道成殂太子賾立 齊主召褚淵王儉受遺詔輔太子而殂太子即位〇高帝沈深有大量博學能文性清儉嘗曰使我治天下十年當使黃金與土同價
魏太和六年

賀善贊曰齊主之初大書拜官不聞有功也惟擊斬休範一事綱目以擊書之亦未嘗予以義討也齊氏之初既非宋比矣弒立之後一書討蕭道成一書誅蕭道成四書自官書假黃鉞書進爵亦皆自假自進而已其篡位也書歸書殿書徙書弒至書滅其族則又宋人之所未有者是故魏加兵江左未嘗書伐于齊而特書伐焉綱目之意可見矣

		夏六月	秋
齊	齊以褚淵錄尚書事王儉為尚書令王奐為僕射豫章王嶷為太尉	齊立子長懋為太子	南康公褚淵卒 晁說之曰自古未有比肩大臣一旦北面而稱翊贊佐命以本朝輸人者有之自淵始淵死時年四十八歲齊主受禪至是纔三年爾僅
魏			魏以李崇為荊州刺史 崇至荊州民夷帖然無復烽燧之患徙兗州刺史兗土舊多劫盜崇命村置一樓樓皆懸鼓盜發之處亂擊之旁村
楊			
異國			

冬十一月

苟三年之生乃遺萬年之臭較其所得失孰爲多哉

齊罷國子學以國喪故也

始聞者以一擊爲節次二次三俄頃之間聲布百里皆發人守險由是盜無不獲其後諸州皆效之

魏主始親祀七廟

癸亥

夏四月

齊武帝賾永明初年

齊殺其尚書垣崇祖散騎常侍荀伯玉

魏太和七年

閏月

魏子恂生

後宮林氏生子恂馮

齊武帝永明二年

	齊	魏	楊	異國
		太后養爲太子賜林氏死		
五月	齊殺其車騎將軍張敬兒			
秋七月	齊以王僧虔爲特進光祿大夫			
冬十月熒惑逆行入太微				
十二月朔日食		魏始禁同姓爲昏		
甲子 春正月	齊永明二年 齊以竟陵王子良爲	魏太和八年		

冬十月

十一月

司徒

子良齊王之子也少有清尚傾意賓客范雲蕭琛任昉王融蕭衍謝朓沈約陸倕並以文學見親號曰八友柳惲王僧孺江革范縝孔休源亦預焉

齊以長沙王晃為中書監

齊以始興王鑑為益州刺史

齊增封豫章王嶷四千戶

高麗王璉入貢于魏亦入貢于齊

乙丑

	春正月	三月	夏五月	秋七月
齊	齊永明三年 詔復立國學		齊以王儉領國子祭酒	
魏	魏太和九年 魏禁讖緯巫卜	魏封諸弟皆爲王		魏以梁彌承爲宕昌王 初宕昌王梁彌機死子彌博立爲吐谷渾所逼奔仇池魏仇池鎮將穆亮以彌承爲衆所附擊
楊				
異國				

冬十月

走吐谷渾立之而還

魏詔均田書均田始此

魏以任城王澄都督梁益荊州軍事

柔然部真可汗死子伏名敦可汗豆崘嗣

丙寅

春正月朔

秋九月

齊永明四年

魏太和十年

魏主朝會始服衮冕

魏置三長定民戶籍

魏作明堂辟雍

魏改中書

武都王楊後起卒種人集始嗣

學爲國子學
分置州郡
凡三十八州二十五在河南十三在河北

丁卯

春正月

齊永明五年

魏太和十一年

魏定樂章
凡非雅者除之

魏咸陽公高允卒

秋七月

魏大旱詔有司賑貸

八月

柔然侵魏
魏擊敗之
高車阿伏

至羅自立為王

初高車阿伏至羅役屬柔然伏名敦侵魏阿伏至羅諫不聽怒與從弟窮奇帥部落西走自立為王

九月

魏出宮人罷末作

戊辰

春正月

齊永明六年

魏太和十二年

魏詔犯死刑而親老無他子旁親者以聞

冬十月

齊始讀時令于太極

魏主訪羣臣言事

齊武帝永明七年

殿
齊詔糴買穀帛
齊吳興饑

己巳

春正月

齊永明七年
齊以王晏爲吏部尚書

魏太和十三年
魏主祀南郊始備大駕

夏五月

齊南昌公王儉卒

魏汝陰王天賜南安王楨有罪免死奪爵
二王景穆皇帝之子

齊
魏
楊
異國

冬十二月

齊以張緒領揚州中正江斅爲都官尚書

庚午

齊永明八年

秋七月

齊以蕭緬爲雍州刺史

齊巴東王子響有罪伏誅子響齊王之子也

魏太和十四年

九月

魏太后馮氏殂葬永固陵

辛未	春正月	三月	夏五月
齊 齊永明九年	齊太廟加薦蔆味別祀于清溪故宅 識非古也		
魏 魏太和十五年	魏主始聽政	魏主謁永固陵 魏自正月不雨至于夏四月 魏作明堂太廟	魏主親決疑獄
楊			
異國			

秋七月

魏定廟祧之制

八月

魏正祀典

冬十月

魏主謁永固陵十一月魏主禪祭遂祀圜丘明堂饗羣臣遷神主于新廟

十二月

魏主始迎春于東郊

魏以咸陽王禧爲司州牧

魏以宦者符承祖爲

高麗王璉卒孫雲嗣 [璉卒魏主爲之制素委貌布深衣舉哀于東郊]

壬申

春

齊

齊永明十年

魏

魏太和十六年

魏主始祀明堂

魏主初朝

悖義將軍封佞濁子 初魏太后寵任承祖賜以不死之詔太后殂承祖坐贓應死魏主原之故有是命

魏封舅李安祖等四人爲侯 李惠之子也因誅惠而逃匿遇赦乃出魏主皆封爲侯

楊

異國

日于東郊魏修堯舜禹周公孔子之祀

夏四月

齊大司馬太傅豫章王嶷卒齊以竟陵王子良爲揚州刺史

秋七月

吐谷渾遣子來朝

吐谷渾遣子入侍于魏

八月

魏主養老于明堂

魏敗柔然于大磧柔然殺伏名敦可汗

	九月	冬月	癸酉 春正月	二月	夏四月
齊		齊詔太子家令沈約撰宋書	齊永明十一年 齊太子長懋卒 太子嘗惡鸞及鸞即位太子子孫無遺焉		齊主立其孫昭業爲
魏	魏主謁永固陵	魏南陽公鄭羲卒	魏太和十七年	魏主始耕籍田。	
楊					
異國					

太孫

五月

魏主親錄囚徒

親決疑獄親錄囚徒可謂恤刑矣

秋七月

齊主賾殂太孫昭業立以竟陵王子良為太傅蕭鸞為尚書令

魏立子恂為太子

魏詔大舉伐齊

魏山陽公尉元卒

魏主發平城

九月

魏主追尊其父為文帝廟號世祖

	冬十月	甲戌 春正月	三月
齊（齊主昭業隆昌初年）		齊主昭業隆昌初年 昭文延興初年 高宗明帝鸞建武初年 齊以隨王子隆爲撫軍將軍太祖之子	
魏	魏營洛都 魏以王肅爲輔國將軍 時魏主方議禮樂變華風凡威儀文物皆肅所定	魏太和十八年 魏主南巡祭比干墓	
			魏主還平城
楊			
異國			

夏四月

五月朔日食

秋七月

九月

齊竟陵王子良以憂卒	齊蕭鸞弒其君昭業而立新安王昭文自爲驃騎大將軍錄尚書事封宣城公 齊以始安王遙光爲南郡太守	齊宣城公
	魏以宋王劉昶都督吳越楚諸軍事鎮彭城 魏安定王休卒	魏主考績

齊主昭文延興初年

		冬十月	十一月
齊	鸞殺鄱陽王鏘等七人	齊宣城公鸞自為太傅揚州牧進爵為王 齊宣城王鸞殺衡陽王鈞等四人 齊宣城王鸞廢其主昭文為海陵王而自立	齊以始安王遙光為
魏	黜陟百官	魏主發平城 奉遷神主于洛陽遂發平城	魏主至洛陽
楊			
異國			

揚州刺史聞喜公遙欣爲荊州刺史

齊立子寶卷爲太子

齊主鸞弒海陵王

魏主置牧場于河陽

十二月

魏禁胡服欲變舊風也

魏主自將伐齊

乙亥

春二月

齊建武二年

魏太和十九年

魏主攻鍾離不克遣使臨江數

		夏四月	五月	六月	秋八月
齊明帝建武二年					
齊				齊殺其領軍蕭諶及西陽王子明等	
魏	齊王之罪而還 魏太師馮熙卒	魏主如魯城祠孔子封其後爲崇聖侯	魏廣川王諧卒 魏主至洛陽	魏禁胡語求遺書法度量	魏置羽林
楊					
異國					

九月

冬十月

十一月

虎賁凡十五萬人
魏立國子太學四門小學

魏六宮文武遷于洛陽
魏以高陽王雍爲相州刺史

魏詔州牧考其官屬得失品第以聞

魏主祀圜丘

齊明帝建武三年

	十二月	丙子 春正月	二月	三月
齊	齊修晉諸陵增置守衛 亦鸞之小善也	齊建武三年		齊詔去乘輿金銀飾
魏	魏班品令賜冠服	魏太和二十年 魏改姓元氏初定族姓	魏詔羣臣聽終三年喪	魏宴羣臣及國老庶老于華林
楊				
異國				

夏五月

秋七月

八月

冬十月

丁丑

齊建武四年

魏太和二十一

魏詔漢魏晉諸陵皆禁樵蘇

魏主祭方澤

魏主廢其后馮氏馮熙少女

魏太子恂有罪廢爲庶人

魏置常平倉

齊明帝建武四年

	春正月	二月	三月
齊	齊主殺其尚書令王晏以徐孝嗣爲尚書令		
魏	年 魏立子恪爲太子 恪母高氏	魏主如平城穆泰陸叡伏誅新興公丕以罪免死爲民	魏主殺其故太子恂 魏宋王劉昶卒 魏主還洛陽
楊			
異國			

秋七月	八月	冬十一月	十二月
魏立昭儀馮氏爲后初馮熙長女入掖庭得幸未幾有疾還家爲尼魏主又納熙少女爲后既而其姊愈思之復迎入宮拜左昭儀至是立爲后	魏主自將伐齊	魏主圍新野遂敗齊師于沔北	
			高昌弒其君馬儒立麴嘉爲王復臣于柔然

齊明帝永泰初年

戊寅	春正月	二月	三月
齊　齊永泰初年	齊主殺其河東王鉉等十人于是太祖世祖及世宗諸子皆盡矣		
魏　魏太和二十二年	魏拔新野齊沔北守將棄城走	魏人克宛三月敗齊兵于鄧城	魏中尉李彪免僕射李沖卒魏以彭城王勰爲宗
楊			
異國			

夏四月

秋七月

己卯

齊大司馬王敬則反會稽至曲阿敗死

齊以蕭衍為雍州刺史南蘭陵人

齊王鸞殂太子寶卷立

齊主寶卷永元初年明帝子在位三年

師督察宗室不率教者

魏省宮掖費用以給軍賞

魏太和二十三年

齊主寶卷永元初年

	春正月	二月	夏四月
齊		齊師取魏馬圈南鄉三月魏主自將禦之齊師敗績	
魏	魏主還洛陽魏后馮氏有罪退處後宮魏以彭城王勰爲司徒		魏主宏殂于穀塘原后馮氏伏誅太子恪
楊			
魏孝			

立

孝文魏之賢主所失者用兵不息爾馬圈之陷豈無將臣可遣而必親行耶不終于正寢而終于縠塘原亦可惜也

魏以彭城王勰爲驃騎大將軍都督冀定七州軍事

魏主追尊其母高氏爲后

秋八月

齊主殺其僕射江祏侍中江祀

齊主寶卷永元初年

		閏月	九月	冬十月	十二月
齊	始安王遙光起兵東城右將軍蕭坦之討平之	齊主殺其僕射蕭坦之領軍劉暄		齊主殺其司空徐孝嗣將軍沈文季	齊太尉陳
魏			魏主謁長陵（文帝陵也）		
楊					
異國					

庚辰

春正月

夏四月

顯達舉兵襲建康敗死

齊永元二年

齊豫州刺史裴叔業以壽陽叛降于魏

齊將軍崔慧景奉江夏王寶玄逼建康兵敗皆死

魏宣武帝元恪景明初年孝文帝宏之子

秋八月

齊以蕭懿爲尚書令

齊後宮火

冬十月

齊主殺其尚書令蕭懿

魏以彭城王勰爲司徒錄尚書事

十一月

齊雍州刺史蕭衍起兵襄陽行荊州事蕭穎胄亦以南康王寶融起兵江陵

辛巳

齊 齊和帝寶融永元三

魏 魏景明二

楊

異國

春正月

二月

三月

年

中興初年

齊南康王寶融稱相國蕭衍發襄陽南康王稱相國以衍為征東將軍

齊蕭衍圍郢城

齊相國南康王寶融廢其君寶卷為涪陵王而自立

年

魏彭城王勰歸第以咸陽王禧為太保北海王詳為大將軍錄尚書事于烈為領軍

齊和帝中興初年

	夏五月	秋七月	八月	九月	冬十月
齊		齊雍州刺史張欣泰謀立建安王寶寅不克而死	齊蕭衍克尋陽	齊蕭衍引兵東下	齊蕭衍圍建康
魏	魏咸陽王禧謀反伏誅	魏揚州刺史安國侯王肅卒 謚曰宣簡		魏立后于氏 于烈弟勁之女也	
楊					
異國					

十一月

十二月

齊巴東公蕭穎胄卒

魏以北海王詳爲司徒

齊人弒涪陵王寶卷蕭衍入建康以太后令追廢寶卷爲東昏侯自爲大司馬承制入鎮殿中

按江左列國嗣子昏狂如宋之義符子業及昱齊之昭業寶卷其罪其惡無復人理爲有爲萬物之靈具五常之性而所爲狂悖一至於此者然反其初而求之劉裕戕滅晉室武陵縱欲殺戮湘東絕滅支庶至于道成父子之屠戮劉氏而宣城之所以勦滅高武無遺育者其不善之積先後如出一轍是天理之報昭昭彼夫豈有毫釐之爽哉

	壬午 是歲齊亡梁代	春正月	二月
齊梁	齊中興二年 梁武帝蕭衍天監初年	梁蕭姓齊之疎屬仕齊封梁王篡齊國號梁都建康傳四主歷五十六年○武帝在位四十八年壽八十六歲 齊大司馬衍迎宣德太后入宮稱制	衍自爲相國封梁公加九錫梁公衍殺
魏	魏景明三年		
楊			
異國			

三月

齊湘東王寶晊

梁以沈約爲僕射范雲爲侍中

梁公衍自進爵爲王

梁王衍殺齊邵陵王寶攸等三人鄱陽王寶寅出奔魏

齊主發江陵以蕭憺都督荊湘六州軍事

夏四月

齊梁 齊和帝中興二年

梁王衍稱皇帝廢齊主爲巴陵王遷太后于別宮齊主至姑孰下詔禪位于梁四月宣德太后遣尚書令亮等詣奉璽綬王梁宮梁王即位于南郊奉和帝爲巴陵王宮于姑孰奉宣德太后爲齊文帝妃梁主衍弒巴陵王于姑孰齊御史中丞顏見遠死之

魏

楊

異國

梁以蕭寶義爲巴陵王

寶義幼有廢疾不能言故獨得免

梁徵謝朏何胤何點不至

梁置謗木肺石函

若肉食莫言欲有橫議投謗木函若有功勞才器寃沈莫達者投肺石函

梁立子統爲太子

統生五歲能遍誦五經

冬十一月

癸未	春正月	夏四月	五月
梁　梁天監二年	梁以沈約范雲爲左右僕射尚書令王亮廢爲庶人		梁僕射范雲卒以左丞徐勉將
魏　魏景明四年		魏以蕭寶寅爲齊王 寶寅伏于魏闕之下請兵伐梁雖暴風大雨終不暫移魏以爲揚州刺史丹陽公	
楊			
異國			

六月

秋七月

冬

甲申

夏五月

軍周捨同
參國政

梁以謝朏
爲司徒

梁馮翊吉
翂請代父
死梁主赦
之

梁天監三年

魏發兵伐
梁

魏以彭城
王勰爲太
師

魏正始初年

魏司徒王
詳有罪幽
死

	梁	魏	楊	異國
秋八月		魏都督元英攻梁義陽拔數城義陽降以元英爲中山王		
九月		魏築九城于北邊		
冬十一月	梁除贖刑法	魏營國學		
乙酉	梁天監四年	魏正始二年		
春正月	梁置五經博士立州郡學			
夏六月	梁初立孔			

秋七月

冬十月

子廟 宋嘗修孔子廟矣于是淮南皆爲魏境孔廟隔絶梁主始創立之可謂知所尊矣

魏統軍王足攻涪城八月大敗梁軍殺梁將軍魯方達等三十九人

魏有芝生于太極殿

梁遣臨川王宏僕射柳惔帥師

武興氐楊紹先叛魏 楊集起集義立紹先

十一月

梁：伐魏次于洛口

梁大有年

自漢明帝永平九年書大有至是四百四十年再見

魏：魏王足奔梁

楊：爲帝

丙戌

春二月

三月朔日食

夏四月

梁：梁天監五年

魏：魏正始三年

魏求直言

魏遣中山王英督諸軍以拒梁師五月梁取宿預梁城小峴合肥等城

楊

異國

秋九月

魏遣將軍邢巒擊梁師敗之復取宿預梁蕭宏逃歸

冬十月

魏徵邢巒還遣齊王蕭寶寅與元英圍鍾離

柔然庫者可汗死子佗汗可汗伏圖嗣改號始平

丁亥

春三月

梁天監六年

梁將軍曹景宗豫州刺史韋叡大敗魏師于鍾離

魏正始四年

	夏六月	秋八月	冬十月	閏月
梁	梁馮翊等七郡叛降魏		梁以徐勉爲吏部尚書	梁以臨川王宏爲司徒沈約爲
魏		魏中山王英齊王蕭寶寅以罪除名 魏以李崇爲揚州刺史		魏尚書令高肇弒其主之后于
楊				
異國				

尚書令高肇爲僕射

氏及其子昌

高貴嬪有寵而妬高肇勢傾中外于后暴殂其子昌亦尋卒人皆咎高氏

戊子

梁天監七年

魏永平初年

春二月

梁以領軍蕭昺爲雍州刺史

夏五月

梁以安成王秀爲荊州刺史

秋七月

梁右衛將軍竟陵公曹景宗卒

魏立貴嬪高氏爲后

梁武帝天監七年

	八月	九月	冬十月
梁			
魏	魏京兆王愉反信都遣尚書李平討之	魏主殺其叔父彭城王勰肇誣之也 魏李平克信都執元愉高肇陰殺之奏除平名	
楊			
異國			高車敗柔然殺佗汗可汗其子豆羅伏拔

己丑

春正月

冬十一月

梁天監八年

梁主祀南郊

梁主遣使求成于魏魏主不肯

魏永平二年

魏復取三關三關者何平靖武陽廣峴也皆在信陽界南北朝分疆之要害也

魏主親講佛書作永明閑居寺時佛教盛于洛陽沙門自西域來者三千餘人魏主別爲之立永明寺千餘間以處

豆伐可汗醜奴嗣改號建昌

	庚寅	春正月	三月	夏四月	
梁	梁天監九年	梁以沈約爲光祿大夫	梁主視學	梁制尚書令史初用士流	
魏	魏永平三年		魏主之子詡生		之。又使馮亮擇嵩山形勝之地立閑居寺，極巖壑土木之美。由是遠近承風，莫不事佛。比及延昌，州郡共有一萬三千餘寺。〇延昌，宣武帝年號。
楊					
異國					

冬十月

魏中山王英卒

辛卯

冬十二月

梁天監十年

魏永平四年

魏以甄琛爲河南尹

壬辰

春正月

梁天監十一年

梁免老少質作

魏延昌初年

魏以高肇爲司徒清河王懌爲司空

冬十月

魏立子詡爲太子

十一月

梁五禮成行之

癸巳

春閏二月

夏五月

六月

秋八月

梁 梁天監十二年

自齊世祖選學士十人修五禮至是多年矣所歷者非一人矣亦庶乎非苟作者凡書成者久辭也

梁侍中沈約卒

梁新作太廟

魏 魏延昌二年

魏壽陽大水

雨水入城廬舍皆沒城不沒者二版

魏恆肆二

楊

異國

州地震山鳴踰年不已民覆壓死傷甚衆○綱目集覽終一百一震未有久于此者山鳴始此此魏氏亂亡之兆也他日爾朱氏覆國亦始于恆肆二州

魏以崔光爲太子少傅

甲午

春二月

梁天監十三年

梁主耕籍田

冬十一月

梁築淮堰

魏延昌三年

梁武帝天監十四年

乙未

	春正月	二月
梁	梁天監十四年	
魏	魏延昌四年 魏主恪殂太子詡立魏以太保高陽王雍尚書令任城王澄同總國事	魏司徒高肇伏誅魏以高陽王雍為太尉清河王懌為司徒廣平王懷為司空
楊		
異國		

魏尊貴嬪胡氏爲太妃廢其太后高氏爲尼

夏四月

梁淮堰潰復築之

六月

魏冀州沙門作亂詔元遙討平之

法慶以妖幻惑衆作亂自號大乘又合狂藥令人服之父兄子弟不復相識唯以殺害爲事

梁武帝天監十四年

	秋八月
梁	
魏	魏侍中于忠殺僕射郭祚尚書裴植免太保高陽王雍遣就第魏尊太妃胡氏爲太后魏以清河王懌爲太尉廣平王懷爲司徒任城王澄爲司空于忠爲尚書令元乂爲
楊	
異國	

散騎侍郎乂妻胡氏爲女侍中乂江陽王繼之子其妻太后妹也

九月

魏太后稱制以于忠爲冀州刺史司空澄領尚書令魏以胡國珍爲中書監

冬十月

魏奪常山公于忠博平公崔光爵

十二月

梁大寒淮泗皆冰 浮山堰士卒死者十七八

魏以高陽王雍為太師錄尚書事

魏太后攝行祭事

丙申

梁天監十五年

魏肅宗孝明帝詡熙平初年宣武帝子

春三月朔日食

魏復封子忠為靈壽公崔光為平恩侯

夏四月

梁淮堰成

秋九月

梁淮堰壞 梁主崇尚浮屠好生

梁

魏

楊

異國

冬

惡殺然以一淮堰之故七卒死者不可勝數今又漂沒十餘萬口原其本意不過欲灌壽陽城耳害未及魏而先自敗惜哉

魏作永寧寺 胡太后作永寧寺于宮側又作石窟寺于伊闕口皆極土木之美爲九層浮圖高九十文剎高十文塔廟之盛未之有也

柔然大破高車殺其王彌俄突

丁酉

春三月

梁天監十六年

梁詔文錦

魏熙平二年

魏司徒廣

	夏四月		戊戌 春二月	戊戌 夏四月
梁	不得爲人獸之形	梁罷宗廟牲牢薦以蔬果乃是不復血食之兆也	梁天監十七年 梁安成王秀卒	
魏	平王懷卒以胡國珍爲司徒		魏神龜初年	魏司徒胡國珍卒追號太上秦公 太上之號
楊				
異國				

豈人臣所宜乎

魏主始月一視朝

五月

魏補三字石經

初洛陽有漢所立三字石經屢經喪亂初無損失及魏馮熙常伯夫爲洛州毀以建浮圖遂大頹落崔光請補之因元乂劉騰亂事遂寢

秋九月

魏太后胡氏弑其故太后高氏

魏遣使如西域求佛

梁武帝天監十八年

書
使宋雲與比丘慧生至乾羅國得佛書一百七十部而還

己亥

春正月

梁天監十八年
梁以袁昂爲尚書令王暕徐勉爲僕射

魏神龜二年
魏太后始稱詔

二月

魏以崔亮爲吏部尚書立停年格
選舉失人自亮始也○後世資格用人本此

梁

魏

楊

異國

	（前年）	庚子
紀	秋九月 冬十二月	春正月日食 秋七月
梁		梁普通初年 高麗來貢 梁江淮海溢 梁車騎將軍永昌侯韋叡卒
魏	魏太后遊嵩高 魏司徒任城王澄卒謚曰文宣	魏正光初年 魏侍中元乂殺太傅清河王懌幽太后于北宮 魏中山王熙起兵討元乂不克
諸國	高麗王雲卒子安嗣	高麗入貢于梁 柔然殺伏跋可汗其弟阿那瓌立尋出奔魏國人立婆羅門爲可汗

		冬十月	十一月	辛丑 春正月
梁				梁普通二年 梁置孤獨園
魏	而死弟略奔梁梁以爲中山王 魏以高陽王雍爲丞相	魏以汝南王悅爲太尉	魏以京兆王繼爲司徒	魏正光二年 魏發兵納阿那瓌于
楊				
異國			魏立阿那瓌爲蠕蠕王	魏納阿那瓌于柔然

	三月	秋七月	冬十月
以收養窮民也			
柔然不克	魏元乂殺將軍奚康生以宦者劉騰爲司空京兆王繼爲太保崔光爲司徒		
不克		高車擊柔然柔然可汗婆羅門降魏	魏分柔然爲二國以處阿那瓌婆羅門

壬寅

夏四月

五月朔日食既

冬十一月

	梁普通三年	梁武帝普通三年
梁		梁西豐侯正德奔魏既而逃歸 初梁主養臨川王宏之子正德為子及太子統生正德還本賜爵西豐侯常怏怏畜異謀至是奔魏復逃歸梁主泣而誨之
	魏正光三年	
魏		
楊		
異國	高車王弟越居弒其王伊匐而自立	柔然王婆羅門叛魏魏討而執之

癸卯

春二月

三月

夏四月

冬

十一月朔日食

魏孝明帝正光四年

	春二月	三月	夏四月	冬
梁普通四年				
魏正光四年		魏司空劉騰卒	魏沃野鎮民破六韓拔陵反陷武川懷朔鎮	魏司徒崔光卒
	柔然大饑魏遣使撫之		柔然王阿那瓌執魏使者犯魏邊	

甲辰

春三月

夏五月

梁普通五年

魏正光五年

魏遣臨淮王彧及李崇討拔陵

魏秦州莫折大提反陷高平大提死子念生代領其衆魏遣兵討之

莫折關西複姓大提其名也時寇盜蜂起秦州薛珍等殺刺史李彥推大提爲秦王陷高平殺鎮將行臺

梁

魏

楊

異國

大提尋卒子念生自稱天子魏遣尚書元修義討之

秋八月

魏秀容人乞伏莫于等反酋長爾朱榮討平之

榮羽健之玄孫也時四方兵起榮散其畜牧家資招納豪傑于是侯景司馬子如段榮賈顯度竇泰等皆往依之

九月

魏涼州亂刺史宋穎以吐谷渾討平之

	冬十月	十一月	十二月
梁	梁取魏建陵曲木琅邪等城		梁復取三關圍魏郢州不克
魏	魏營州人就德興反高平鎮敕勒胡琛寇魏豳夏北華三州	莫折念生遣其弟天生陷魏岐州殺都督元志 蜀賊寇魏雍州討平之	魏汾州胡反
楊			
異國			

梁以散騎常侍朱异掌機政

乙巳

春正月

梁普通六年

梁取魏南鄉郡及馬圈等城

魏孝昌初年

魏行臺蕭寶寅都督崔延伯討莫折天生敗之岐雍隴東皆平

三月

梁遣豫章王綜總督衆軍攝徐州事

柔然阿那瓌爲魏討拔陵敗之自稱敕連頭兵豆伐可汗

梁武帝普通六年

	夏四月	六月	秋八月
梁		梁豫章王綜叛降魏魏師入彭城立綜爲丹陽王更名贊	
魏	魏太后復臨朝誅其尚書令元乂以元順爲侍中鄭儼徐紇李神軌爲中書舍人儼與神軌皆得幸于太后者紇乃媚事儼者	魏廣陽王深擊拔陵破之降其衆二十萬	魏柔玄鎮
楊			
異國			

民杜洛周反于上谷遣兵討之

冬十二月

梁取魏順陽馬圈

魏荊郢羣蠻叛

丙午

梁普通七年

魏孝昌二年

春正月

魏五原降后鮮于修禮反

二月

魏西部敕勒斛律洛陽反爾朱榮討平之

夏四月

魏朔州鮮于阿胡反

	五月	秋七月	八月
梁			
魏	元略自梁歸于魏魏以爲侍中魏復以廣陽王深爲北道大都督	魏行臺常景敗杜洛周于范陽鮮于阿胡陷魏平城	賊帥元洪業殺鮮于修禮降魏其黨葛榮復殺洪業
楊			
異國			

而自領其衆

爾朱榮爲安北將軍

過肆州執刺史尉慶賓而以爾朱羽生代之

葛榮襲殺魏都督章武王融廣陽王深

就德興陷魏平州

莫折念生降魏復反

	魏	梁		楊	異國
冬十一月	破六韓拔陵誘胡琛殺之 魏幽州民執行臺常景叛降杜洛周	梁侵魏取壽陽			
丁未 春正月	魏孝昌三年 葛榮陷魏殷州刺史崔楷死之遂圍冀州魏主戒嚴北討不果行	梁大通初年 梁侵魏圍東豫州及瑯邪克三關			

梁武帝大通初年

三月

梁主捨身于同泰寺

魏主戒嚴西討不果行魏自六鎮之叛寇盜蜂起不勝其書其間師徒覆散督將淪沒不知其幾中外知其將士而魏主不恤是歲始有戒嚴之命而亦終于不行亦徒爲是虛聲而已

夏四月

魏復以蕭寶寅爲西討大都督

秋七月

魏樂安王元鑒以鄴叛降葛榮

	八月	九月	冬十月	十一月
梁			梁湛僧智夏侯夔圍魏廣陵克之 梁陳慶之攻魏渦陽克之	梁以蕭淵藻爲北討都督鎮渦
魏	魏大都督源子邕拔鄴城誅元鑒	秦州人殺莫折念生以州降魏	魏蕭寶寅殺關右大使酈道元舉兵反魏遣長孫稚討之	葛榮陷魏冀州殺都督源子邕
楊				
異國				

戊申

春正月

梁大通二年

陽

魏武泰初年孝莊帝子攸永安初年彭城王勰之子

魏大赦改元

魏太后胡氏進毒弒其主詡而立臨洮王世子釗高祖之孫生三年矣○鄭儼徐紇聞爾朱榮有舉兵入洛之謀魏主亦密

裴衍遂寇相州不克

梁武帝大通二年

梁

魏

詔榮舉兵內向恐禍及己故與太后謀酖魏主也○胡氏曰魏氏之亂始于世宗奉佛政事不修重以肅宗幼弱胡后稱制擯德彰闇元澄雍懌才薄力弱劉騰元乂擅權顥貨以召六鎮之兵雖然其間非無忠謀至計排難解紛者而朝廷忽焉如元匡崔光袁翻李崇張普惠薛叔元孚元深元順元纂辛雄路思令楊椿源子邕之言皆不聽也然則非爾朱榮高歡能爲魏毒也是魏之自士耳

楊

異國

三月

爾朱榮舉兵晉陽夏四月至河陽立長樂王子攸而沈太后胡氏及幼主王公以下二千人自為都督中外諸軍事封太原王遂入洛陽

胡氏曰胡后魏之罪人榮之沈之當矣幼主何罪而并殺之耶魏之諸臣

梁 梁武帝大通二年	
魏	亦信有罪矣然非可盡責也榮能誅其慝而擅其賢才則五伯之功立矣乃恃其威力肆行誅殺其不仁亦甚矣雖然仕于昏亂之朝懷寵眈利者亦可以少戒哉 魏徐紇奔泰山鄭儼伏誅 魏汝南王悅臨淮王彧北海王顥出奔梁 魏郢青南荊州皆叛附于梁
楊	
異國	

夏五月

六月

秋九月

魏立肅宗嬪爾朱氏爲后爾朱榮之女先爲肅宗嬪魏主納之

爾朱榮還晉陽以元天穆爲侍中錄尚書事兼領軍將軍

元彧自梁歸于魏

葛榮圍魏相州爾朱榮討擒之冀定滄瀛殷皆平

冬十月

梁

梁立元顥爲魏王遣將軍陳慶之將兵納之

拓跋雖亂然長樂已正尊位是其國未嘗無君也梁主乃立元顥又遣兵送之何義哉書遣將軍將兵納之納者不順之詞也如春秋書莊公伐齊納糾之類若曰彼不受而此強以兵納之謂也書法如此可以觀矣

魏

爾朱榮自爲大丞相

元顥爲魏王

楊

異國

春正月

梁中大通初年

魏永安二年

魏主追尊其父勰爲皇帝

魏主尊彭城王爲文穆皇帝廟號肅祖將遷神主于太廟而以高祖爲伯考臨淮王彧諫之曰漢光武于元帝疎屬服絶猶身奉子道入繼大宗別祀南頓君于春陵況肅祖于高祖親北面爲臣乎二后皆將配享此爲君臣並筵嫂叔同室臣切以爲不可不聽請去帝著皇亦不聽

梁武帝中大通初年

	梁	魏	楊	異國
夏四月		魏王顥拔滎城稱皇帝		
五月		魏王顥取梁國滎陽虎牢魏主子攸奔河內顥入洛陽以陳慶之爲車騎大將軍		
閏六月		魏爾朱榮渡河魏王顥走死陳慶之走歸梁魏主子攸歸洛陽		

秋九月

庚戌

夏六月

秋七月

梁主再捨身于同泰寺

梁中大通二年

梁以元悅爲魏王

榮自爲天柱大將軍

魏永安三年 主曄建明初年

元悅爲魏王

魏以宇文泰爲征西將軍行原州事

宇文泰從賀拔岳入關以功遷征西將軍

梁武帝中大通二年

梁

九月長星見

魏

魏爾朱榮至洛陽與太宰元天穆皆伏誅魏主手刃之魏僕射爾朱世隆反與汾州刺史爾朱兆立長廣王曄于長子冬十二月入洛陽遷其主子攸于晉陽而弒之魏紇豆陵

楊

異國

辛亥

梁中大通三年

魏節閔帝恭普
主朗中興初年

步蕃大破爾朱兆于秀容兆及晉州刺史高歡擊殺之兆使歡統六鎮

初魏主殺爾朱榮詔河西賊帥紇豆陵步蕃襲秀容王星步蕃南下〇紇豆陵虜三字姓〇兆使歡統六鎮天奪爾朱氏之魏矣〇高歡爾朱榮參軍賀六渾其小字也

梁武帝中大通三年

梁	春二月
魏	泰初年 魏樂平王爾朱世隆廢其主曄而立廣陵王恭世隆以曄疎遠無人望欲立親近廣陵王恭○恭高祖猶子羽之子也 魏河北大使高乾起兵信都以冀州迎高歡 魏封其故主曄爲東海王
楊	
異國	

	夏四月	六月
	梁太子統卒謚曰昭明梁主立子綱爲太子	封孫歡爲豫章王譽爲河東王詧爲岳陽王
魏以爾朱世隆爲太保魏以高歡爲渤海王		魏冀州刺史高歡起兵討爾朱氏魏廣宗王爾朱天光殺侍中楊侃

秋七月

梁

梁賜其宗戚沐食鄉亭侯有差

魏

爾朱世隆殺司空楊津太保楊椿夷其族津子愔奔信都

楊氏兄弟俱有名德家世孝友緦麻同爨男女百口人無間言椿津至三公一門七太守三十二刺史爾朱世隆誣以楊氏謀反以致殺滅其族朝野無不憤痛唯津子愔適出獲免往見高歡因陳討爾朱氏之策歡甚重之以爲行臺郎中

楊

吳國

冬十一月

魏高歡立渤海太守元朗自爲丞相敗爾朱兆等軍于廣阿

壬子

春正月

梁中大通四年

梁封西豐侯正德爲臨賀王

魏普泰二年 中興二年 孝武帝修永熙初年

魏丞相歡克相州以楊愔爲行臺右丞

二月

梁以元法僧爲東魏王

梁武帝中大通四年

	三月	閏月	夏四月
梁	法僧本魏徐州刺史降梁		
魏	魏主朗入居于鄴高歡自爲太師	魏爾朱天光爾朱兆及度律仲遠等會兵攻鄴高歡擊破之	魏將軍斛斯椿執爾朱天光度律送鄴世隆伏誅仲遠奔梁
楊			
異國			

	五月	秋七月
高歡入洛陽廢其主恭及朗而立平陽王修自爲大丞相 魏爾朱度律天光伏誅	魏封其故主朗爲安定王 魏主修弒其故主恭	魏大丞相歡討爾朱兆走之遂

		冬十一月	十二月	癸丑 春正月
梁				梁中大通五年
魏	據晉陽	魏主修弒安定王朗東海王曄魏主于是蓋三弒君矣	魏主殺汝南王悅 魏立后高氏歡之女也	魏永熙二年 魏大丞相歡襲秀容殺爾朱兆
楊				
異國				

冬十二月	秋九月	三月
魏大丞相歡使翟嵩如關中 歡患賀拔岳侯莫陳悅之彊右丞翟嵩曰嵩能間之	魏大丞相歡分封邑以頒勳義 歡請分封邑十萬以頒勳義將以是結人心而用之也	
		阿至羅復附于魏 魏正光以前阿至羅常內屬及中原多事遂叛高歡復招之降凡十萬戶

使其自相屠滅歡乃遣之

甲寅 是歲魏分爲二凡三國

春正月

梁	西魏	東魏	楊	昇國
梁中大通六年	魏永熙三年 魏大丞相歡攻紇豆陵伊利執之 魏永寧浮圖災 魏秦州刺史侯莫陳悅殺賀拔岳魏以宇文泰統其軍	陳魏孝靜帝善見天平初年		

夏四月朔日食

六月

秋七月

魏宇文泰討侯莫陳悅誅之遂定秦隴魏以泰爲關西大都督

魏大丞相歡舉兵反

魏主修奔長安歡入洛陽推清河王亶承制決事魏主以宇文泰爲大將軍尚書令自是爲西魏

梁武帝中大通六年

	冬十月	十一月	閏十二月
梁			
西魏	魏以宇文泰爲大丞相		魏大丞相泰進毒弒其君修 魏孝武閨門無禮從妹不嫁者三人平原公主明月南陽王寶炬之同產也從入關宇文泰殺之魏主不悅與泰有隙飲酒遇酖而殂○按人主凡人依人而立
東魏	魏大丞相歡立清河王世子善見于洛陽是爲東魏	東魏遷于鄴	
楊			
異國			

紀年	記事	考異
乙卯	春正月朔	
梁大同初年		
魏文帝寶炬大統初年	魏大丞相泰立南陽王寶炬孝文宏之曾孫 魏大丞相泰自爲都督中外諸軍事封安	末有不受其禍者魏之孝武迫于高歡所恃者宇文泰耳奔竄入關曾未旋踵而身被酖毒是何異避湯入火也
東魏天平二年	東魏大丞相歡擊斬劉蠡升蠡升自稱天子居雲	

	前	夏五月	秋八月		冬十一月	十二月
梁（梁武帝大同初年）					梁侍中徐勉卒	
西魏	定公	魏立后乙弗氏	魏大丞相泰自加柱國			魏與柔然和親
東魏	陽公	東魏大丞相歡自爲相國假黃鉞加殊禮復辭不受		東魏作新宮	東魏封高洋爲太原公	
楊						
異國						

丙辰

春二月

三月

梁大同二年

梁處士陶弘景卒

弘景隱茅山帝有大議必諮之時人號為山中宰相然當時政事之失駸駸入于亂士而不聞弘景有一言以省帝

西魏大統二年

東魏天平三年

東魏大丞相歡遣世子澄入鄴輔政東魏以為尚書令京畿大都督

梁武帝大同四年

	冬十二月	丁巳 秋八月	閏九月
梁	心何哉○弘景秣陵人	梁大同三年 梁修長干寺塔	梁以武陵王紀爲益州刺史
西魏	西魏大饑人相食死者十七八	西魏大統三年 西魏大丞相泰伐東魏克恆農遣使諭降河北城堡	
東魏		東魏天平四年	東魏大丞相歡侵西魏冬十月西魏大丞相泰迎戰
楊			
異國			

冬十月

渭曲大敗之

戊午

春正月朔日食

二月

梁大同四年

西魏大統四年

西魏大丞相泰伐東魏東魏秦州降泰遂略定汾絳西魏取洛陽豫州潁梁廣陽等州皆降

西魏廢其后乙弗氏

東魏元象初年

東魏遣行臺侯景治

梁武帝大同四年

	秋七月	八月
梁		梁大赦以得如來舍利故也
西魏	立柔然女郁久閭氏爲后	
東魏	兵虎牢復取汾潁豫廣四州 景初爲爾朱榮將學兵法于慕容紹宗及歡誅爾朱乃降歡飛揚跋扈唯紹宗可以敵之	東魏遣兵圍西魏金墉西魏大丞相泰救之斬其將高敖曹復戰不利引
國異		

冬十二月

己未

春正月

夏五月

還

東魏大丞相歡拔金墉魏師走

西魏復取洛陽及廣州

由是襄廣以西城鎮復爲魏

東魏改停年格

梁大同五年

梁以何敬容爲尚書令

西魏大統五年

西魏大丞相泰置行臺學

東魏興和初年

東魏立后高氏歡之女也

梁武帝大同六年

		庚申
	秋九月 冬十月	春二月 夏閏五月朔日食
梁		梁大同六年
西魏	西魏置紙筆于陽武門以求言	西魏大統六年 柔然侵西魏西魏主殺其故后乙弗氏 欲立蠕蠕之女無罪而黜后爲尼冠履已倒置矣今又殺之則中國不能自立受制于柔然明矣
東魏	東魏城鄴	東魏興和二年
異國		

秋八月

梁司空袁昂卒 謚曰穆正

辛酉

梁大同七年

西魏大統七年

東魏興和三年

秋七月

西魏以宇文測為大都督行汾州事 測深之兄也為政簡惠得士民心

冬十二月

東魏大稔

梁交州李賁反遣兵討之 賁世豪右仕不得志又有并韶者富詞藻詣選求官

梁武帝大同八年

壬戌	春正月	三月	秋八月	冬十二月
梁大同八年	梁安成妖人作亂三月江州司馬王僧辯討平之			梁盧子略
西魏大統八年		西魏初置六軍		
東魏興和四年			東魏以侯景爲河南大行臺	
異國：尚書蔡樽以幷姓無前賢除廣陽門郎韶恥之遂與賁謀作亂				

作亂廣州參軍陳霸先討平之以霸先爲直閣將軍霸先吳興郡長城下若里人按吳興今湖州是

癸亥

春二月

梁大同九年

西魏大統九年

東魏北豫州刺史高仲密以虎牢降西魏三月西魏大丞相泰帥軍應之

東魏武定初年

梁武帝大同十年

	（續）	夏五月	秋八月	冬十一月	甲子 春三月
梁					梁大同十年
西魏	及東魏大丞相歡戰于邙山大敗而還				西魏大統十年
東魏		東魏以侯景爲司空	東魏以斛律金爲大司馬	東魏築長城于肆州	東魏武定二年 東魏以高澄爲大將軍領中書監
異國					

	夏五月	冬十月	乙丑 春正月
梁大同十一年			
西魏大統十一年	西魏大都督琅邪公賀拔勝卒		
東魏武定二年		東魏括戶均賦 東魏以喪亂之後戶口失實徭賦不均以括戶大使分行諸州得無籍之戶六十餘萬僑居者皆勸還本屬	東魏作晉陽宮 高歡以并州軍器所聚動須女

梁武帝中大同初年

	夏六月	冬	丙寅　春三月
梁		梁復贖刑法	梁中大同初年 梁主講佛書于同泰寺
西魏	西魏作大誥　晉氏以來文章失實競爲浮華宇文泰欲革其弊命蘇綽作大誥令自今文章皆依此體		西魏大統十二年
東魏	功請置宮以處配沒之口于是置晉陽宮		東魏武定四年
異國			

	夏四月	秋八月	冬十月	十一月
	同泰浮圖災復作之（梁主幸同泰寺講三慧經四月講解是夕浮圖災梁主曰此魔也更宜廣爲法事遂起十二層浮圖將成值侯景亂乃止）	梁以邵陵王綸爲南徐州刺史	梁以岳陽王詧爲雍州刺史	
		西魏以韋孝寬爲并州刺史守玉壁		東魏大丞相高歡來
		東魏遷石經于鄴（凡五十二碑）		東魏大將軍高澄如

侵圍玉璧晉陽不克而還

高歡盡攻擊之術而韋孝寬守禦有餘歡智力皆困因而疾作乃解圍去

西魏度支尚書蘇綽卒

丁卯

春正月朔日食

梁太清初年

梁以湘東王繹為荊州刺史

西魏大統十三年

東魏武定五年

東魏大丞相渤海王高歡卒東魏大行臺侯景以河南降魏

梁 梁武帝太清初年

西魏

東魏

異國

二月	梁封侯景爲河南王景以河南叛來附故封之		西魏除宮刑	侯景復以河南叛附于梁		
三月	梁主復捨身于同泰寺 梁主至是三捨身矣然其身猶在卒莫之捨捨于佛而佛不受遂捨于侯景不惟于其身且并其子孫國家捨之可哀也哉					
夏四月				東魏大將軍澄如鄴		
六月			東魏遣兵討侯景西魏遣兵救	東魏高澄遣將軍元柱等將兵		

		秋七月	九月
梁 梁武帝太淸初年		梁遣貞陽侯淵明督諸將侵東魏	梁堰泗水
西魏	之徵景入朝景不受命西魏師乃還		
東魏	討侯景	東魏大將軍澄還晉陽自爲都督中外諸軍錄尚書事勃海王東魏大將軍澄入鄴幽其主于宮中殺侍讀荀濟等而還	
異國			

	戊辰 春正月	冬十二月	
梁太清二年		梁立元貞爲咸陽王 見高澄幽善見于金墉欲使元貞主魏也	以攻東魏之彭城冬十一月東魏行臺慕容紹宗擊敗之獲蕭淵明
西魏大統十四年		西魏以鄭穆爲京兆尹	
東魏武定六年	東魏慕容紹宗擊侯景景衆潰		

		三月	夏五月 秋七月朔日食
梁 梁武帝太清二年		梁交州司馬陳霸先討李賁平之以霸先為江西督護高要太守督七郡諸軍事	梁遣散騎常侍徐陵如魏復修好也
西魏			西魏以宇文泰為太師
東魏	走襲據壽春梁以為南豫州牧		
異國			

八月

冬十月

梁侯景反壽陽梁主遣邵陵王綸督諸軍討之

梁臨賀王正德叛引侯景兵渡江梁主命宣城王大器將軍羊侃督軍禦之蕭正德引侯景圍梁臺城十一月景以正

東魏遣兵略地江淮取梁二十三州

梁武帝太清二年

		十一月	十二月
梁	德稱帝 正德叛父侯景叛君君臣父子之義俱絕	梁湘東王繹移檄遣兵赴援 梁邵陵王綸還軍赴援侯景擊之大潰	梁鄱陽王範南康王會理將兵入援 梁將軍羊侃卒 城中益懼
西魏			
東魏			
異國			

己巳

春正月

梁散騎常侍韋粲及東西道都督裴之高柳仲禮等各以兵入援推仲禮爲大都督

梁太清三年

侯景襲梁援軍韋粲死之柳仲禮擊景敗之

西魏大統十五年

東魏武定七年

梁武帝太清三年

	二月	三月
梁	梁以侯景為大丞相與之盟敕止援軍湘東王繹次于武城 太子綱徇賊所請湘東王繹勤兵不前梁王有子如此雖欲不亡得乎○湘東武城之次恐先解父兄之圍而己不得帝也不良甚矣	侯景陷梁臺城自稱大都督錄尚書事邵陵王綸奔
西魏		
東魏		梁東徐北青州及淮陽郡皆叛降于東魏東魏遂取
異國		

夏

會稽柳仲禮等叛降景景廢蕭正德以爲大司馬梁湘東王繹歸江陵殺桂陽王慥侯景陷梁廣陵梁宣城吳興起兵拒侯景

梁青州及山陽郡東魏攻西魏潁川西魏人擊之殺其將慕容紹宗劉豐生

東魏大將軍高澄如鄴

梁武帝太清三年

五月

	五月
梁	梁主衍殂 太子綱立 景圍臺城帝茹蔬皆絕但食雞子憂憤成疾口苦索蜜不得再曰荷荷餓而死 賀善贊曰武帝天資慈厚善政亦多有之徵士求言尊經典學禮樂制度相望于冊是以自漢承平以來大有年未有書者于是復書獨其過于慈柔而廢國家之法溺丁異教而薄宗廟之禮志取一城而輕數十萬人之命三書捨身再書作塔四書淮堰綱目每深病之迨末年輕納
西魏	西魏詔代人復其舊姓
東魏	
異國	

六月

秋八月

叛人遂不克終悲哉

梁湘東王繹自稱假黃鉞大都督中外諸軍承制

侯景殺蕭正德

梁永安侯確謀討侯景不克而死

武帝子孫臨難無愧者永安侯一人而已

東魏大將軍澄克潁川以王思政歸西魏師還

盜殺東魏大將軍勃海王高澄

梁武帝太清三年		九月	冬十一月
梁		梁岳陽王詧攻江陵湘東王繹襲襄陽詧遁還繹使竟陵太守王僧辯攻湘州	梁湘東王繹遣兵攻襄陽岳陽王詧乞師于西魏西魏遣楊忠將兵救之
西魏			
東魏	于鄴		
異國			

十二月

梁始興太守陳霸先起兵討侯景

東魏取梁司州于是東魏盡有淮南之地

庚午

是歲東魏亡齊代

春正月

梁簡文帝綱大寶初年

梁以陳霸先爲交州刺史梁邵陵王綸至江夏自稱都督中外諸軍承制

西魏大統十六年

東魏武定八年
齊文宣帝高洋天保初年

東魏高洋自爲丞相都督中外諸軍錄尚書事封齊王

	梁	西魏	齊	異國
夏四月	梁王僧辯克湘州殺河東王譽 梁湘東王繹移檄討侯景			
五月	梁鄱陽王範卒 梁武陵王紀遣世子圓照赴援次于白帝 君父陷沒久矣方遣子赴援又不星馳而下罪自見矣 梁高州刺史李遷仕	西魏立蕭詧為梁王 魏欲詧嗣梁主位詧辭乃遣使冊命為梁王置百官 梁王詧來朝	齊王洋稱皇帝廢東魏主為中山王 齊立子殷為太子	

秋九月

反高涼太守馮寶妻洗氏討敗之

初燕昭成帝奔高麗使其族人馮業以三百人浮海奔宋因留新會自業至融世為羅州刺史融子寶為高涼太守高涼洗氏世為蠻酋部落十餘萬家有女善用兵融聘以為寶妻

梁湘東王繹取郢州邵陵王綸奔齊齊以為梁王

	冬十月	辛未　春二月
梁	侯景自稱漢王 侯景殺梁南康王會理武林侯諮	梁大寶二年 梁陳霸先討李遷仕殺之
西魏	西魏太師泰伐齊不戰而還洛陽平陽皆降于齊 西魏初作府兵	西魏大統十七年 西魏攻齊汝南拔之殺其梁王蕭綸
齊		齊天保二年
異國		

三月

梁湘東王繹齊以爲梁相國承制

西魏主寶炬殂太子欽立

夏五月

梁湘東王繹遣大都督王僧辯討侯景次巴陵六月又使胡僧祐討景敗之獲其將任約景遁還

西魏隴西公李虎卒西魏以公主嫁突厥

秋八月

侯景廢梁主綱殺太子大器而

冬十月

立豫章王棟

侯景弒梁主綱

侯景廢梁主棟自稱漢帝

十二月

齊主洋弒中山王

齊主殺美陽公元暉業 美陽縣名

壬申

梁 梁孝元帝承聖初年

梁孝元帝繹承聖初年

西魏

西魏主欽乾明初年 文帝寶炬之子

齊

齊天保三年

異國

春正月	二月	三月	夏四月
	梁湘東王繹遣王僧辯陳霸先討侯景景亡走吳	梁湘東王繹殺豫章王棟	梁武陵王紀稱帝于成都
齊主伐庫莫奚敗之			齊以楊愔爲僕射尚太原公主
突厥土門襲柔然殺頭兵可汗自號伊利可汗			

梁

侯景伏誅

侯景敗侯瑱追及松江進擊敗之景與腹心數十人單舸走將入海羊侃之子鵾爲景都督殺之送屍建康傳首江陵截其手送于齊暴屍于市士民爭取食之幷骨皆盡溧陽公主亦預食焉景五子在北齊皆殺之

盜竊梁傳國璽歸之于齊

侯景之敗也以傳國璽自隨使其侍中趙思賢掌之曰若我死宜沈于江思賢濟江遇盜從者

西魏

齊

公主魏孝靜帝之后也悟以臣而妻母后禽獸之行也

齊以辛術爲吏部尚書

異國

冬十月

十一月

秉之草間至廣陵以告郭元建元建取之送鄴

梁以王僧辯爲司徒陳霸先爲征虜將軍開府儀同三司王偉等伏誅

偉乃景之謀主也

梁主繹立

王卽位于江陵是時侯景之亂

齊築長城

四百餘里置戍三十六所

		癸酉 春正月	二月
梁 梁孝元帝承聖二年	州郡大半入魏自巴陵以下至建康以長江爲限荆州界北盡武寧西距硤口嶺南復爲蕭勃所據詔令所行千里而近民戶著籍不盈三萬	梁承聖二年	
西魏		西魏乾明二年 西魏太師泰自加都督中外諸軍事	
齊		齊天保四年	
異國			突厥伊利可汗死弟木杆可汗俟斤立

三月

梁武陵王紀伐江陵西魏遣大將軍尉遲迥伐成都以救之武陵王還兵赴援次于西陵

秋七月

梁武陵王紀衆潰梁主殺之及其諸子

九月

梁遣王僧辯還建康陳霸先還京口

	甲戌 春正月	冬十一月
梁 梁孝元帝承聖三年	梁承聖三年 梁陳霸先	
西魏	西魏恭帝廓初年欽之弟 西魏宇文	西魏太師泰殺尙書元烈
齊	齊天保五年	
異國		突厥攻柔然齊主擊之遷柔然于馬邑川突厥請降 突厥攻柔然柔然舉國奔齊齊主擊突厥迎納柔然廢其可汗庫提立阿那瓌子菴羅辰爲可汗置之馬邑川親追突厥突厥降自是貢獻相繼

	三月	夏四月	秋八月	冬十月
侵齊	梁以王僧辯爲太尉陸法和爲司徒	梁以陳霸先爲司空	梁主講老子于龍光殿	西魏遣于謹來伐梁主繹被執
泰廢其主欽而立齊王廓復姓拓跋氏		西魏宇文泰弒其故主欽		西魏遣柱國于謹帥師伐梁十
			齊殺其太保高隆之	

	十二月
梁	見殺 梁王僧辯陳霸先奉晉安王方智承制（方智元帝繹之子）
西魏	一月入江陵十二月執梁主繹殺之 西魏取襄陽徙梁王詧使稱帝于江陵屯兵守之（西魏立詧為皇帝取其雍州之地而資以荊州延袤三百里又置防主將兵居西城名曰助防實制詧也）西魏加益州刺史尉遲迥承制
齊	
後梁	
異國	

乙亥　是歲後梁蕭詧稱帝凡四國

春正月

梁敬帝方智紹泰初年

梁廣州刺史王琳救江陵弗及次于長沙遣兵伐後梁　殺梁主者魏也後梁詧受魏立自琳視之則讎也琳有舊主之心故書伐長沙王韶與上游諸將皆推琳爲盟主

西魏恭帝二年

齊天保六年

齊遣梁貞陽侯蕭淵明還梁稱帝以兵納之

後梁宣帝蕭詧天定初年

梁王詧始稱帝　詧即位改元于江陵是爲後梁賞罰制度並同王者惟上疏于魏則稱臣奉其正朔○按詧梁太子統之第三子即蕭繹之姪也雖繼繹稱帝實魏使之猶稱臣朝魏不得謂繼梁之統是謂後梁○改元天定在位八年殂子歸立改元天寶在位二十三

		二月	夏五月	六月
梁 梁敬帝紹泰初年		梁王方智立 晉安王自尋陽入建康即梁王位時年十三	梁王僧辯奉淵明歸建康以梁王方智爲太子 淵明入即位以方智爲太子王僧辯爲大司馬陳霸先爲侍中	
西魏				
齊				齊築長城 齊于是再書長城矣
後梁	年殂子琮立改元廣運在位一年隋并之			
異國				

秋八月

九月

冬十月

梁陳霸先殺王僧辯廢淵明

復立方智稱藩于齊

先是武帝遣兄懿之子淵明侵東魏為魏所虜及齊高洋篡魏又以兵納淵明帝梁于是王僧辯迎淵明即位以方智為太子既而陳霸先殺僧辯廢淵明仍奉方智為主霸先自封陳王未

齊以道士為沙門

道士剃頭為沙門

梁敬帝紹泰初年

		十一月	十二月
梁	陳霸先廢主方智爲江陰王尋弑之封淵明爲建安公陳霸先自爲尚書令都督中外諸軍事		
西魏			西魏降其宗室王者爲公
齊		齊主殺其清河王岳	
後梁			
異國			突厥滅柔然可汗鄧叔子奔魏突厥取而殺之

丙子

春正月

梁敬帝太平初年

西魏恭帝三年

西魏初建六官以宇文泰爲大冢宰

初宇文泰以蘇綽等依周禮定六官至是行之以泰爲太師大冢宰李弼爲太傅大司徒趙貴爲太保大宗伯獨孤信爲大司馬于謹爲大司寇侯莫陳崇爲大司空自餘百官皆倣周禮

齊天保七年

月	梁		西魏	齊	後梁		異國
夏五月	梁建安公淵明卒						
六月				齊大治宮室			
秋七月	梁陳霸先自爲司徒揚州刺史進爵長城公						
八月				齊主如晉陽			
九月	梁陳霸先自爲丞相錄尚書事						
冬十月			西魏太師大冢宰安				

十一月

十二月

定公宇文泰卒世子覺嗣（覺，泰所尚魏孝武妹馮翊公主所生）

梁徵王琳爲司空不至

齊併省州縣

西魏太師覺自爲周公

齊築長城（自秦書築長城越六百二十七年而魏一書宋癸亥又百二十年而東魏一書梁癸亥至是齊五年間而三書︵壬申乙亥︶是年築重城四百里不與焉築長城二百里不書不與焉）

丁丑

是歲梁亡陳代魏亡周代凡四國

春正月

梁陳	梁太平二年 陳高祖武帝陳霸先永定初年 漢太邱長陳寔之後仕梁封陳王遂代梁國號陳都建康傳五世歷三十三年○武帝吳興人在位三年
魏周	魏恭帝四年 周孝閔帝宇文覺初年 九月以後明帝宇文毓初年 周公覺稱天王廢魏主爲宋公 宇文護自爲大司馬 宇文護以周公覺幼弱欲早使正位以定人心以魏
齊	齊天保八年
後梁	
異國	

	二月	三月	秋八月
	梁蕭勃起兵廣州次于南康 王琳書不至蕭勃書起兵霸先不臣之跡不可掩矣		周人歸梁王繹之喪
主詔奉冊璽禪位于周遷魏主出居大司馬府周公即天王位	周大司馬護殺冢宰趙貴 周宇文護自爲大冢宰 周冢宰護弑宋公	周冢宰護殺趙公獨孤信	周人歸故梁王繹之喪于王琳 琳請之也

梁敬帝太平二年

	九月	冬十月	十二月
陳	梁丞相霸先自爲相國封陳公加九錫	梁陳公霸先進爵爲王遂稱皇帝廢梁主爲江陰王	
周	周冢宰護弒其君覺而立寧都公毓 毓覺之弟泰姚夫人所生娶獨孤信之女		
齊		齊人築重城 于長城築重城自庫洛枝東至塢紇戍凡四百餘里	齊主幽其弟永安王浚上黨王渙于地牢
後梁			
異國			

戊寅

	春正月	二月	夏四月
陳永定二年	梁刺史王琳伐陳次于白水遣使乞師于齊	齊納梁永嘉王莊于梁軍以王琳爲梁丞相琳遂以莊稱帝	陳主霸先弒江陰王諡曰梁敬帝
周明帝二年	周宇文護自爲太師		
齊天保九年			

	五月	冬	十二月	己卯 春正月
陳	陳主捨身于大莊嚴寺		陳高涼太守馮寶卒	陳永定三年
周				周武成初年 周王始親政 宇文護上表歸政周主始親萬機
齊		齊以常山王演錄尚書事	齊主殺永安王浚上黨王渙	齊天保十年
後梁				
異國				

夏五月朔日食	六月	秋八月	冬十月
	陳主霸先殂兄子臨川王蒨立	陳主封子伯茂爲始興王	
	周王賜處士韋夐號逍遙公	周王始稱皇帝周御正中大夫崔猷建議以爲天子稱王不足以威天下請遵秦漢舊制稱皇帝建年號從之	
齊主殺魏宗室二十五家	齊主滅元氏之族盡誅諸元凡死者七百二十一人		齊主洋卒太子殷立高洋篡弑以來無一善可紀若

	十一月	庚辰 春二月
陳	梁丞相琳敗陳師于湓城	陳文帝蒨天嘉初年 梁丞相琳伐陳敗績與梁主莊皆奔齊奔矣書梁主何成之爲君也 陳衡陽王昌自周歸
周		周武成二年
齊	其淫酗肆虐則夏商之季不是過也	齊主殷乾明初年 孝昭帝演皇建初年 齊太傅常山王演殺尚書令楊愔等自爲丞相都督中外諸軍事
後梁		
異國		

于陳

初陳高祖以其子昌姪頊在長安屢請于周周不遣至是乃遣昌還陳主以昌爲衡陽王

三月

陳主殺其弟衡陽王昌

齊丞相常山王演如晉陽

夏四月

周冢宰護進毒弑其君毓毓弟魯公邕立

六月

陳人葬梁孝元帝

周人歸其喪于琳于是四年矣琳奔而葬之宜也

		辛巳
	秋八月	春正月 夏四月朔日食 秋九月 冬十月朔日食
陳		陳天嘉二年
周		周武帝邕保定初年 周太師護自加都督中外諸軍事
齊	齊常山王演廢其主殷為濟南王而自立	齊武成帝湛太寧初年 齊以王琳為揚州刺史 齊主演弒濟南王
後梁		
異國		

		壬午
十一月		春閏二月
	陳天嘉三年	
	周保定二年	
齊主演殂弟長廣王湛立廢太子百年為樂陵王	齊河清初年	
	後梁世宗歸天保初年	後梁主詧殂太子歸立 詧安于儉素不嗜酒色以封疆褊隘邑居殘毀鬱鬱不得志疽發背而死

陳文帝天嘉五年

	三月	夏四月	五月	秋九月朔日食 冬十二月	癸未 春正月
陳	陳安成王頊自周歸于陳				陳天嘉四年
周					周保定三年 周太師護
齊		齊太后婁氏殂	齊以斛律光爲尚書令	齊主殺其兄之子太原王紹德	齊河清二年 齊以高元
後梁					
異國					

三月朔日食
夏四月
六月

甲申

春二月朔日食
夏六月白虹貫日
秋八月朔日食

陳天嘉五年	陳殺其司空侯安都		
周保定四年	殺梁公侯莫陳崇	周主養老于太學	
齊河清三年	海爲兗州刺史	齊主殺其河南王孝瑜	齊主湛殺其兄之子百年

		乙酉	
	九月	春二月	夏四月彗星見 秋七月朔日食
陳		陳天嘉六年	陳侍中安成王頊免
周	周封李昞爲唐公以進錄佐命元功封昞虎之子也	周保定五年 周遣使加突厥逆女	
齊	齊人歸宇文護之母于周	齊後主緯天統初年	齊主湛傳位于太子緯自稱太上皇帝白虹貫日殺兄子以厭之彗星見傳太子以禳之齊之所以應天者以此
後梁			
異國			

陳文帝天嘉六年

丙戌

春正月日食

夏四月

冬十二月

陳天康初年	陳主蒨殂太子伯宗立以安成王頊為司徒錄尚書事徐陵為吏部尚書
周天和初年	
齊天統二年	齊主湛殺其河間王孝琬 齊主已自稱上皇矣復稱齊主者以列國書陳齊固不可以上

丁亥	春正月朔日食 二月	
陳 陳主伯宗光大初年	陳安成王頊殺中書舍人劉師知又殺僕射到仲舉	
周 周天和二年		
齊 齊天統三年		皇稱之也書名湛者所以別于諱也 齊始用士人爲縣令 魏末以來多用廝役爲縣令士流恥爲之齊僕射元文遙以爲縣令治民之本請革之
後梁		
異國		

夏閏六月

秋八月

冬十一月朔日食

齊左丞相咸陽王斛律金卒

齊以東平王儼爲司徒

戊子

陳光大二年

周天和三年

周納后阿史那氏

周太傅燕公于謹卒

齊天統四年

春三月

夏四月

齊以和士開爲僕射

陳主伯宗光大二年

	秋七月	冬十一月朔日食
陳		陳安成王頊廢其主伯宗爲臨海王而殺始興王伯茂 始興王伯茂以安成王頊專政不平肆惡言頊遂以太后令誣陳主云與劉師知華皎等通謀廢爲臨海王以安成王入纂又下令黜伯茂爲温麻侯寘諸別館使盜殺之
周	周隨公楊忠卒 忠堅之父也	
齊		齊主湛殂
後梁		
異國		

己丑

春正月

二月

夏四月

陳宣帝頊太建初年

陳主頊立

周天和四年

齊天統五年

齊徙東平王儼為琅邪王儼齊主之弟有寵于上皇及胡后

齊殺其大尉趙郡王叡為其苦諫太后出和士開也

齊以高阿那肱為尚

陳宣帝太建初年

陳	
周	
齊	書令韓長鸞為領軍陸令萱為女侍中穆提婆為侍中 陸令萱坐其夫駱超謀反配于掖庭其子提婆亦沒入為奴齊主之在襁褓令萱養之令萱巧黠有寵于胡太后和士開高阿那肱皆為之養子齊主以令萱為女侍中令萱引提婆入侍齊主朝夕戲狎
後梁	
異國	

秋八月	庚寅 春二月	秋七月
陳廣州刺史歐陽紇反	陳太建二年 陳人討歐陽紇斬之封陽春太守馮僕母洗氏為石龍太夫人 封其討廣州刺史歐陽紇反之罪也	
	周天和五年	
	齊武平初年 齊以斛律光為右丞相	齊以和士開為尚書令

	九月	冬十月朔日食	辛卯	夏四月朔日食	六月
陳			陳太建三年		
周			周天和六年		
齊	齊立子恆為太子 恆穆夫人所生后母養之以為太子	齊以蕭莊為梁王 復以永嘉王蕭莊為梁王許以興復竟不果及齊士莊憤悒卒于鄴	齊武平二年		齊太宰段韶圍周定陽克之獲
後梁					
異國					

秋七月

九月

汾州刺史楊敷 敷愔之子素之父也

齊琅邪王儼殺和士開

齊太宰平原王段韶卒 韶功高望重雅性溫慎得宰相體事後母孝閨門雍肅謚忠武

齊主殺其弟琅邪王儼

陳宣帝太建四年

		壬辰
	冬十月	春三月朔日食
陳		陳太建四年
周		周建德初年 周主討其太師宇文護殺之 權臣專制人君將欲去之未有不反貽禍敗者觀之
齊	齊主幽其太后胡氏于北宮 胡后與僧統曇獻通齊主聞而未之信後朝太后見二尼悅而召之乃男子也于是曇獻事亦發皆伏誅遂幽太后于北宮	齊武平三年
後梁		
異國		

歷代如魯昭曹髦之類則可見矣後世因是遂以權臣爲不可去而人君處此亦往往付之無可奈何而遂已孰知後周高祖誅鋤大憝不動聲色除積年根據之惡于一旦俄頃之間然後知大姦大惡未有不可去之理特患人君無其志耳

周主親政以其弟齊公憲爲大冢宰衛公直爲大司徒

陳宣帝太建四年

陳	夏六月 秋八月	九月朔日食 冬十月	
周			
齊	齊主殺其左丞相咸陽王斛律光	齊主廢其后斛律氏 齊立昭儀胡氏爲后（后胡太后兄之女也）	齊立昭儀穆氏爲右后 （自漢書立三后（劉聰）至是書立右后後此書立四后（陳己亥年周）立五后）
後梁			
異國			

	十一月	十二月	癸巳 春正月
			陳太建五年
	周毀上善殿以其壯麗故焚之		周建德二年
(陳庚子年周)不可勝識也		齊主廢其后胡氏	齊武平四年 齊以高阿那肱錄尚書事
		突厥木杆可汗死弟佗鉢可汗立又分立東西二可汗分立爾伏可汗統東面步離可汗統西面	

陳宣帝太建五年

	三月	夏四月	五月	六月	秋八月
陳		陳將軍吳明徹擊齊取江北數郡			
周	周獲白鹿				周太子贇納妃楊氏堅之女也
齊			齊主殺其蘭陵王長恭	齊主遊南苑殺其從官六十人以高阿那肱爲司徒	
後梁					
異國					

冬十月

甲午

春正月

二月朔日食

三月

夏五月

陳太建六年	陳師攻齊壽陽克之殺其刺史王琳遂取齊昌徐州等城
周建德三年	周詔齊公憲等皆進爵為王 周太后叱奴氏殂 周廢佛道教毀淫祠
齊武平五年	齊主立婢馮氏為淑妃 穆后之婢得幸故立之

秋七月

冬十二月

乙未

春二月朔日食

夏四月

冬十二月朔日食

	（前年）	乙未
陳	陳以孔奐爲吏部尚書	陳太建七年 陳焚文錦于雲龍門
周	周立通道觀以壹聖賢之教也 周衛王直反伏誅	周建德四年
齊	齊殺其南陽王綽	齊武平六年
後梁		
異國		

丙申

夏六月朔日食

冬十月

十二月

陳太建八年

周建德五年

周主伐齊取平陽

周主復伐齊齊主大敗走晉陽遂奔鄴晉陽人立安德王延宗以守周主拔而執之

陳隆化一年

丁酉

是歲齊亡○陳周二大國後梁一小國凡三國

陳太建九年

周建德六年

齊幼主恆承光一年

陳宣帝太建九年

	春正月朔	二月	夏四月
陳			
周	周滅齊	梁主來朝	周主至長安封高緯爲溫公
齊	齊主緯傳位于太子恆周師圍鄴緯出走周主入鄴齊丞相高阿那肱引周師追緯及恆獲之遂滅齊	齊廣寧王孝珩任城王湝起兵信都周齊王憲伐而執之	
後梁		梁主朝周于鄴	
異國			

五月		周主毀其宮室之壯麗者	
秋八月		周獲九尾狐焚之 白虎通德至鳥獸則九尾狐見吳越春秋禹娶塗山乃有白狐九尾而應之	
冬十月		周主殺温公高緯夷其族 自己卯書齊滅元氏之族至此未二十年耳反復之理可畏矣哉	

十一月晦日食

十二月

周省後宮妃嬪之數

齊范陽王高紹義稱帝于北朔州突厥舉兵助之

戊戌

夏五月

陳太建十年

周建德七年
周宣政初年

按宣政乃周武帝改元宣帝以是年六月即位仍用武帝年號明年改元天成

周主邕伐突厥有疾而還六月殂子贇立

陳

周

後梁

異國

己亥		閏月	秋七月	九月
陳太建十一年				陳主及其羣臣盟（無故而盟其臣陳主之志荒矣）
周宣帝贇天成 周靜帝闡大象	周王贇殺其叔父齊王憲	周立后楊氏	周以楊堅爲上柱國大司馬	
		高紹義入幽州周人討之紹義奔突厥		

陳宣帝太建十一年

	五月	夏四月	春二月
陳			
周	周諸王皆就國	周主贇立妃朱氏爲天元帝后	初初年年 周治洛陽宮 周與突厥和親 周主贇傳位于太子闡自稱天元皇帝 周徙石經還洛陽
後梁			
異國			

秋七月		陳初用大貨六銖錢以一當五銖之十與五銖並行後復當一	周主贇立四后
冬十月			周主贇復道佛像天元與二像並坐大陳雜戲令士民縱觀
十二月			周初作乞寒胡戲
庚子 春三月	陳太建十二年	周大象二年	周主贇立五后劉聰立三后夷也高緯立二后

夏五月

陳

陳宣帝太建十二年

周後梁

異國

（非矣周主又立四后增至五后何哉）

周主贇殂隋公楊堅自爲大丞相假黃鉞居東宮徵諸王還長安

周復佛道二教

周相州總管蜀公尉遲迥舉兵相州討堅堅遣韋孝寬擊之

周楊堅殺畢王賢

秋七月

突厥執齊高紹義歸之于周紹義至長安徙蜀病死

周青州總管尉遲勤舉兵應相州

周丞相堅自加都督中外諸軍事

周鄖州總管司馬消難舉兵應相州

周丞相堅

		八月	冬十月日食	十一月	十二月
陳					
周	殺趙王招越王盛	周尉遲迥兵敗自殺周丞相堅以其世子勇爲洛州總管	周丞相堅殺陳王純	周相州總管鄖公韋孝寬卒	周丞相堅自爲相國進爵隋王加九錫
隋					
後梁					
異國					

周隋王堅殺代王達滕王逌

辛丑

是歲周亡隋代凡三國

春二月

陳太建十三年

周大象三年
隋文帝開皇初年

隋王堅稱皇帝
隋主追尊考爲武元帝
隋立后獨孤氏
隋立世子勇爲太子諸子皆爲王
隋廢周主

陳宣帝太建十二年

陳

周 隋

闡為介公改封周太后楊氏為樂平公主

漢黃皇室主周樂平公主皆守節者也故皆書其改號若齊之太原公主魏孝靜后則削之矣

隋主盡滅宇文氏之族

丁酉殺高緯夷其族之報也隋不鑒之而又甚焉滅國自竊道成始書滅其族未書盡滅也于是始書盡滅隋之不家宜哉

隋徵蘇威

後梁

外國

三月

為太子少保

隋以賀若弼為吳州總管韓擒虎為廬州總管

隋以蘇威為納言

夏四月

隋築長城

五月

隋主堅弒介公闡

秋九月

隋來侵

隋僕射高熲督諸軍侵陳

冬十月

隋初行新

陳宣帝太建十二年

十二月

陳

周

隋

律 陳高熲裴矩等定律法制死刑二曰斬曰絞流刑三自二千里至三千里徒刑五自一年至三年杖刑五自六十至一百笞刑五自一十至五十爲後世五刑定罪之始又制議請減贖官當之科以優士大夫凡枷杖皆有式

後梁

異國

突厥佗鉢可汗死分立四可汗沙鉢略可汗居都斤山菴邏居獨洛水稱第二可汗

壬寅

春正月

陳太建十四年

陳主頊殂始興王叔陵作亂伏誅太子叔寶立叔陵陳主之次子也陳遣使請和于隋二月隋師還

隋開皇二年

隋以晉王廣爲河北行臺尚書令蜀王秀爲西南行臺尚書令秦王俊爲河南行臺尚書令

大邏便爲阿波可汗領所部又沙鉢略之從父玷厥居西面號達頭可汗

陳後主至德初年

	癸卯	冬十月	六月	冬十二月
陳	陳後主叔寶至德			
隋	隋開皇三年	突厥來伐入長城 突厥佗鉢可汗嘗請和于周周主贇以趙王招女爲千金公主妻之至是隋立千金公主傷其本宗覆沒日夜請爲周復讎故高寶寧引突厥來寇	隋作新都于龍首山在西安府城北十里	隋遣兵拒突厥却之
後梁				
異國		突厥伐隋入長城		

春正月

二月朔日食

三月

夏四月

初年

陳以長沙王叔堅爲江州刺史

隋遷于新都

隋詔求遺書

陳郢州叛來降隋主弗納

隋命左右僕射分判六部

陳後主至德二年

	陳	隋	後梁	異國
秋八月朔日食	陳以長沙王叔堅爲司空			
冬十二月	陳司空長沙王叔堅免	隋沿河置倉運粟以給長安		
甲辰	陳至德二年	隋開皇四年		
春正月朔日食		梁主來朝	梁主入朝于隋	
二月		突厥來降		突厥達頭可汗降隋
夏五月	陳以江總爲僕射			
六月		隋作廣通		

秋八月

九月

冬十一月

			陳起臨春結綺望仙閣 自居臨春貴妃張麗華居結綺龔嬪孔嬪居望仙俱復道往來其間
渠 鑿渠引渭自大興城至潼關漕運通利關內賴之	陳將軍夏侯苗叛來降隋主弗納	隋與突厥和親	

		陳	隋	後梁	異國
乙巳	春正月朔日食 夏五月 秋八月	陳至德三年	隋開皇五年 隋初置義倉稽閱戶口作輸籍法從長孫平之請也 突厥遣子來朝 隋築長城	後梁主巋殂太子琮立巋孝慈儉約境內安之	突厥可汗遣子入朝于隋
丙午	春正月	陳至德四年	隋開皇六年 隋頒曆于	後梁主琮廣運初年	

秋閏八月

冬十月

丁未

是歲梁亡凡二國

春正月

陳以江總為尚書令

陳禎明一年

突厥頒曆外夷始此

隋殺其上柱國梁士彥宇文忻劉昉

吐谷渾太子訶請降于隋隋主弗納

隋開皇七年

隋制諸州歲貢士三人

戊申	
	二月
	夏五月朔日食
	秋九月
	冬十一月

陳 陳禎明二年	陳臨平湖開（記異也故吳臨平湖開而吳亡陳臨平湖開而陳滅）
隋 隋開皇八年	隋開揚州山陽瀆 隋滅梁以其主蕭琮爲莒公 隋主如馮翊祠故社
異國	突厥沙鉢略可汗死弟莫何可汗處羅侯立

春三月

夏五月

冬十月

陳主廢其太子胤立子深爲太子

隋下詔伐陳

隋以晉王廣爲淮南行省尚書令行軍元帥帥師伐陳

廣率楊素賀若弼韓擒虎高熲等伐陳兵至建康陳後主出投井隋兵以縋引之上怪其太重及出乃與張麗華孔

突厥莫何可汗死兄子頡伽施多那都藍可汗立

吐谷渾裨王木彌降隋

陳後主禎明二年

陳

隋

嬪同東而上既而虜後主至請于文帝曰願得一官號文帝曰叔寶全無心肝

吐谷渾禪王木彌來降

異國

歷代統紀表卷之七

歷代統紀表卷之八

偃師段長基述　孫鼎鑰 鼎鈞 校刊

隋傳三主共三十八年編年紀事	同姓王	異姓臣	異國
隋高祖文皇帝 名堅隋公忠之子華陰人都長安在位二十四年壽六十四歲			
己酉 開皇九年 春正月總管賀若弼韓擒虎進軍滅陳獲其主叔寶 晉王廣入建康誅陳都督施文慶等五人 二月陳湘州刺史陳叔慎起兵長沙敗死		陳馮魂以嶺南降表為儀同三司洗氏冊為宋康郡夫人 魂寶	

陳馮魂以嶺南降陳地悉平

嶺南數郡共奉高涼郡太夫人洗氏爲主詔遣柱國韋洸安撫嶺外陳豫章守徐璒據南康拒之晉王廣遣陳叔寶遺夫人書諭以國亡使之歸隋夫人集首領數千人盡日慟哭遣其孫馮魂迎洸洸擊斬徐璒嶺南皆定表魂爲儀同三司冊洗氏爲宋康郡夫人

夏四月晉王廣班師俘陳叔寶至京師獻於太廟論功行賞有差

復故陳州境十年餘州一年

閏月以蘇威爲僕射楊素爲納言

之子

將軍宇文述拔吳東揚州執其刺史蕭瓛蕭巖以歸殺之

陳吳州刺史蕭瓛能得物情陳亡吳人推瓛爲主宇文述等討之執瓛東揚州刺史蕭巖以會稽降與瓛皆送長安斬之

以陳江總袁憲等爲開府儀同三司

殺樂安公元諧

以蘇威爲僕射楊素爲納言

秋七月羣臣請封禪不許

八月以王雄爲司空

庚戌　十年

夏五月詔軍人悉屬州縣

六月制民年五十免役收庸

番禺夷反遣給事郎裴矩討平之以馮盎爲高州刺史洗氏爲譙國夫人

盎寶之孫番禺夷王仲宣反嶺南首領多應之圍廣州韋洸中流矢卒

辛亥　十一年

春二月

秋八月

殺滕王瓚

初帝微時與瓚不協帝爲周相瓚恐爲家禍欲圖帝其妃周高祖妹順陽公主也亦與獨孤后不平帝命出之瓚不可至是從幸栗園遇鴆暴卒

吐谷渾可汗夸呂死子世伏立

壬子 十二年

秋七月蘇威以開府就第

八月制諸州死刑悉移大理奏裁

帝以天下用律者多踳駁故命高熲等定律法制死刑二曰斬曰絞流刑三自二千里至三千里徒刑五自一年至三年杖刑五自六十至一百笞刑五自一十至五十爲後世五刑定罪之始

又制議請減贖官當之科以優士大夫凡枷杖皆有式

冬十月

十二月以楊素爲僕射與高熲專掌朝政

	新義公韓擒虎卒 領軍大將軍賀若弼除名

癸丑

十三年

春二月作仁壽宮

在鳳翔府麟遊縣西五里乃隋文帝所建唐太宗更名九成宮

秋七月詔議明制度

突厥突利可汗請婚許之

甲寅

十四年

秋七月帝如洛陽

冬閏十月詔高仁英蕭琮陳叔寶修其宗祀官給器物

以齊梁陳修其宗祀官給器物亦可少彷繼絕之意矣然宇文氏自介公殞踣之後竟無所聞其忌克少恩之意又自見于書法之外矣

乙卯

十五年

春正月帝東巡祀天於泰山
二月收天下兵器
三月還宮
夏六月鑿底柱
焚相州所貢綾文布於朝堂

丙辰 十六年
夏六月初制工商不得仕進
秋八月詔死罪三奏然後行刑

以光化公主妻吐谷渾

丁巳 十七年
秋七月
冬十二月

幷州總管秦王俊有罪免

殺魯公虞慶則

以安義公主妻突厥突利可汗

高麗王湯卒子元嗣帝使使拜元爲遼東王

戊午 十八年

春二月

秋九月罷漢王諒兵

冬十二月置行宮十二所

自京師至仁壽宮之道

高麗寇遼西遣漢王諒將兵討之

隋文帝平陳并天下南北七代之運分裂而始合三光五嶽之氣否塞而始通可謂建非常之功成非常之業矣曾未十年復事高麗之役且高麗僻在遼海之外不可以中國治治之隋人用兵不利人心自是而失天下自是而亂唐太宗所謂守成難于草創豈不信然

史萬歲以罪除名

南寧夷爨翫反蜀王秀奏史萬歲受賂縱賊致生邊患帝怒命斬之高熲等諫曰史萬歲雄略過人雖古名將未能過也于是除名

吐谷渾弒其可汗世伏

己未 十九年

春二月

遣楊素等分道伐突厥都藍可汗未至都藍擊突利敗之突利可汗來奔

夏六月

殺宜陽公王世積

文帝忌酷功臣之不殺者鮮矣雖微告者其庸免乎故王世積與元諧虞慶則等一例書殺

秋八月除左僕射高熲名

九月

以牛宏爲吏部尚書

冬十月

以突厥突利爲啓民可汗妻以義成公主處之朔州

時安義公主已卒復以宗女義成公主妻之

十二月

突厥弑其都藍可汗雍虞閭

庚申 二十年

春二月

夏六月

冬十月廢太子勇爲庶人

太子之廢始于楊廣謀于宇文述楊素而實成于獨孤后也

秦政以法毒天下而扶蘇不得其死一傳胡亥國遂以亡隋氏之失亦大類此

十一月立晉王廣爲皇太子是日天下地震

太子承祧主器將以鎮安海宇今乃於正位之日舉四海九州之大同日地震則天之警告人主未有若此之明者而帝不之寤遂至喪身敗天下哀哉

辛酉

仁壽元年

秦王俊卒國除

賀若弼坐事下獄赦出之

隋高祖文皇帝開皇二十年

春正月改元

漢惑詔者之言而改章和魏惑謙之之言而改太平真君隋惑袁充之言而改仁壽皆書改元譏之也

以蘇威爲僕射

夏五月

六月廢太學及州縣學改國子學爲太學

詔留國子學生七十人太學四門及州縣學並廢尋改國子學爲太學

按漢宣帝以刑名繩下故作色於用儒之請然未至於廢學校也隋文以文法自矜其視儒學若將浼焉遂至盡廢而後已殆與焚書坑儒相去無幾真遺臭千古矣

冬十一月祀南郊

突厥九萬口來降

以馮盎爲漢陽太守

壬戌 二年
秋七月
八月皇后獨孤氏崩
冬十月葬文獻皇后
十二月
詔楊素三五一入省論大事

徵蜀王秀還京師

廢蜀王秀爲庶人
蜀王奢僭固非無罪然廢之非以其罪也太子廣恐其不利于己乘帝見疑之日作偶人書帝及漢王諒名埋于華山楊素發之以秀妄述圖讖又作檄文置秀集中以聞是秀之廢亦廣素誣之也

癸亥 三年
秋九月龍門王通獻策不報

突厥啓民可汗歸國

甲子 四年
春正月帝如仁壽宮

秋七月太子廣弑帝於大寶殿而自立遂殺故太子勇

太子廣之事按之分注參之通鑑止謂逼宣華夫人夫人白帝帝怒呼柳述元巖召太子勇廣矯詔執述巖繫獄令張衡入侍疾俄而帝崩故中外頗有異論考以北史隋史皆不載其事獨宣華夫人陳氏傳所述與通鑑略同然皆不敢正名定罪今綱目乃大書楊廣弑父與君之事豈亦別有據耶始嘗疑之既而推考至大業八年殺張衡之日衡臨死大言曰我爲人作何事而望久活監刑者塞耳促令殺之嗚呼天使賊黨聲楊廣弑逆之罪而楊廣之弑逆始得其正矣

冬十月葬泰陵在西安府武功縣西南二

并州總管漢王諒起兵晉陽遣楊素擊虜以歸殺之

漢王諒又死于廣素矣○初帝與獨孤后甚相愛重誓無異生之子嘗謂羣臣曰前世天子溺于嬖幸嫡庶分爭朕五子同母可無此憂又懲周室諸王微弱故使諸子分據大鎮及其晚節迭相猜忌五子皆不以壽終

十里三時原

十一月帝如洛陽

塹龍門達上洛以置關防

發丁男數十萬掘塹自龍門東接長平汲郡抵臨清關度河至浚儀襄城達於上洛以置關防

陳叔寶卒　贈長城縣公謚曰煬

以洛陽爲東京

煬帝

乙丑　大業元年

春正月立皇后蕭氏

立晉王昭爲皇太子

三月命楊素營東京宮室

開通濟渠引汴水開邗

劉方大破林邑還卒于師

溝置離宮造龍舟
夏五月築西苑 苑周二百里
秋七月
八月帝如江都

廢滕王綸衛王集徙之邊郡

鐵勒叛西突厥自立爲莫何可汗 鐵勒匈奴遺種族類甚多有僕骨同羅契苾薛延陀等部其酋長皆號俟斤大抵與突厥同俗

丙寅 二年
夏四月還東京
六月以楊素爲司徒
秋七月太子昭卒
始建進士科 後世進士之科始此

楊素卒

八月封諸孫爲王

冬十月置洛口倉回洛倉

置洛口倉於鞏縣東南原上城周二十餘里穿三千窖回洛倉於洛陽城北七里城周十里穿三百窖窖皆容八千石

丁卯 三年

春正月突厥來朝

三月

夏六月詔爲高祖建別廟

封孫倓爲燕王侗爲越王侑爲代王 皆太子昭之子也

殺故長寧王儼及其弟七人 皆故太子勇之子也○按太子勇父子雖殺于煬帝而實皆死于雲定興雲昭訓父女之手惜哉

突厥啓民可汗來朝

啓民可汗及義成公主來朝吐谷渾高昌

帝北巡次榆林郡

秋七月築長城（發丁男百萬餘西距榆林東至紫河）

八月帝至金河幸啓民可汗帳還至太原營晉陽宮宴張衡宅（在濟源留宴三日）遂還東都

冬十月

戊辰 四年

春正月開永濟渠（引沁水南達於河北通涿郡）

二月

三月帝如五原遂巡長城

殺太常卿高熲光祿大夫賀若弼尚書宇文弼（皆前朝舊臣既不能明弑殺之禍又不引身而退乃相與俛首事賊戮之宜矣然自煬而言之則亦不可）

以裴矩為黃門侍郎經略西域

皆入貢

西突厥入貢

倭國入貢

夏四月營汾陽宮
秋七月復築長城
冬十月

己巳　五年
春正月改東京爲東都
三月帝巡河右
夏四月
冬十一月還東都

庚午　六年
春正月盜入建國門
諸蕃來朝陳百戲於端

殺司隸薛道衡 道衡有盛名帝殺之日更能作空梁落燕泥否

倭王遺帝書曰日出處天子致書日沒處天子無恙帝覽之不悅

赤土入貢 南海中遠國

西域諸國來朝獻地
置西海等郡

突厥啓民可汗死立其子咄吉爲始畢可汗

遣兵攻流求殺其王
虜其衆以歸 流求古未詳何國漢魏以來不通中華

	（前年續）	辛未 七年
	門以示之 三月帝如江都 冬十一月 穿江南河 自京口至餘杭八百餘里廣十餘丈欲東巡會稽也	春二月帝自將擊高麗 夏四月至臨朔宮徵天下兵會涿郡 山東河南大水 冬十月底柱崩 偃河逆流數十里
同姓王		
異姓臣	以王世充領江都宮監 世充本西域胡人姓支氏父收幼從母嫁王氏因冒其姓世充有口辯頗通書傳能伺候顏色由是有寵 文安侯牛弘卒	
羣盜		王薄張金稱竇建德等起兵
異國	徵高麗王元入朝不至	西突厥酋長射匱逐處羅可汗

壬申 八年

春正月

三月

夏六月帝至遼東

遣諸軍分道征高麗

左候衛大將軍段文振卒于師

王薄鄒平人擁衆長白山剽掠齊濟之郊建德漳南人少尚氣俠膽力過人會募人征高麗選爲二百人長蓨人高士達聚衆於清河郡縣疑建德與賊通收其家屬而殺之建德帥麾下二百人亡歸士達士達自稱東海公以建德爲司兵張金稱鄃人聚衆河曲

處羅來朝

射匱達頭之孫世爲可汗今以失職附屬處羅隋以處羅不朝拜射匱以爲大可汗令誅處羅處羅來朝

分西突厥爲三部

使處羅之弟闕達度設居會寧大奈別將餘衆居樓煩處羅常從巡幸賜號曷婆那可汗

秋七月

諸軍度遼水擊敗高麗兵遂圍東遼

將軍宇文述等九軍大敗于薩水而還諸將除名

秋九月帝還東都

殺張衡 衡親行弑逆者也臨刑大言曰我爲人作何事而能久活耶可知弑文帝殺太子勇皆衡爲之也

癸酉 九年

春正月徵天下兵集涿郡

始募民爲驍果

命代王侑留守西京

三月帝復自擊高麗命越

濟陰孟海公起

王侗留守東京

兵據周橋

夏六月

楚公楊玄感圍東都 玄感素之子也

遣宇文述等擊楊玄感七月玄感趨潼關八月宇文述追之玄感敗死

秋七月

餘杭劉元進兵起

八月

以唐公李淵爲弘化留守

吳郡朱燮晉陵管崇兵起

冬十月

遣吐萬緒擊劉元進管崇敗死詔緒還以王世充代將元進朱燮皆敗死

杜伏威起兵掠江淮 伏威章邱人與臨濟輔公祏爲刎頸交俱亡命爲羣盜伏威年十六出則居前

入則殿後由是其徒推以爲帥轉掠江淮

甲戌 十年

春二月徵天下兵伐高麗

三月帝如涿郡

秋七月次懷遠鎮高麗遣使請降

冬十月還西京

十一月祀南郊大風

十二月帝如東都殺太史令庾質

離石胡劉苗王兵起 劉淵之裔也

汲郡王德仁起兵據林慮

乙亥 十一年

春二月

上谷王須拔魏刀兒兵起 賊帥王須拔自稱漫天王魏刀兒自稱

夏四月帝如汾陽宮

秋八月帝巡北邊突厥始畢可汗入寇帝入雁門始畢圍之九月乃解

冬十月帝還東都

詔江東更造龍舟

以李淵爲山西河東撫慰大使

歷山飛衆各十餘萬北連突厥南寇燕趙

東海李子通據海陵

城父朱粲兵起 粲爲縣佐吏從軍亡命聚衆爲盜謂之可達寒賊自稱迦樓羅王

丙子 十二年

春正月分遣使者發兵擊諸起兵者

作毗陵宮 毗陵吳延陵季子邑也

三月宴羣臣于西苑

隋煬至此滅亡無日方且更造龍舟作毘陵宮今又宴遊西苑雖天醜其惡將欲殪之而煬之所以自速其亡何太甚也

夏五月大業殿火

五月朔日食既

秋七月帝如江都留越王侗留守殺諫者任宗崔民象王愛仁

冬十月

翟讓李密起兵攻滎陽張須陀擊之敗死

李密往依郝孝德孝德不之禮又入王薄薄亦未之奇也變姓名聚徒教授郡縣疑而捕之久亡去抵其

十二月帝至江都

以李淵爲太原留守

鄱陽林士弘稱楚帝據江南號太平

鄱陽賊帥操乞師自稱元興王昭豫章

妹夫雍邱令邱君明爲君明從姪懷義所告帝令捕之幸免翟讓爲東都法曹坐事當斬獄吏奇其驍勇破械出之遂亡于瓦岡爲羣盜同郡單雄信聚少年往從之離狐徐世勣年十七有勇略說讓侵掠榮陽梁郡間附者益衆得萬餘人李密自雍邱亡去察諸帥惟翟讓最強乃以濟陽王伯當見讓爲讓畫策攻榮陽後讓以才不及密又以圖讖李氏當興密爲王號魏公

以鄉人林士弘爲大將軍詔侍御史劉子翊討殺之士弘代統其衆與子翊戰殺子翊兵復大振自稱皇帝國號楚建元太平北自九江南至番禺皆爲所有

太僕楊義臣擊張金稱高士達斬之竇建德收其衆取饒陽

張金稱爲義臣擊斬之餘衆盡歸建德建德爲士達司兵諫士達引兵避之不聽及義臣大破士達斬之建德與餘騎逃亡饒陽乘其不備攻陷之收兵得三千餘人義臣以建德不足憂引去建德還平原爲士達發喪收散兵軍復大振自稱將軍

丁丑 十三年 恭帝侑義寧元年	
異姓臣	
割據	楚帝林士弘太平二年
割據	竇建德自稱長樂王
割據	李密稱魏公
割據	劉武周稱定楊可汗號天興
割據	梁師都稱梁王號永隆
割據	薛舉稱秦霸王號秦興
割據	蕭銑稱梁王號鳴鳳
異國	

河間格謙自稱燕王據豆子䴚遣王世充擊斬之其黨高開道收其衆掠燕地

春正月

二月

竇建德稱長樂王

翟讓李密據興洛倉攻敗東都兵讓推密爲魏公略取河南諸郡

馬邑校尉劉武周據郡起兵 武周馬邑人爲鷹揚府校尉喜任俠因與馬邑太守王仁恭侍兒通恐事泄謀亂結黨斬仁恭持其首出徇無敢動者于是開倉賑饑民

朔方郎將梁師都據郡起兵 師都殺郡丞附突厥

隋煬帝大業十三年

	三月	夏四月
		密攻東都入其郛
收兵得萬餘人遣使附于突厥	突厥立劉武周為定楊可汗取樓煩定襄雁門諸郡	
	梁師都自稱梁帝引突厥寇邊	
		金城校尉薛舉起兵隴西自稱西秦霸王 時隴右盜起薛舉驍勇為

金城校尉金城令郝瑗募得人數千使舉將而討之方置酒饗士舉與其子仁杲及同黨十三人于座劫瑗發兵開倉賑施自稱西秦霸王以其子仁杲爲齊王仁越爲晉王盡得隴西之地衆至十三萬

五月

李淵起兵太原殺留守王威高君雅

初淵娶于神武肅公竇毅生四男建成世民玄霸元吉一女適太子千牛備身柴紹淵相表奇異煬帝忌之遂縱酒納賂以自晦晉陽宮監裴寂以宮女私侍淵淵子世民聰明勇決見隋室方亂陰有安天下之志劉文靜見而異之

東都遣兵擊李密大破之密退屯洛口

謂寂曰此人命世才也遂與之勸李淵與義兵舉兵晉陽唐公以義起兵大非羣盜之比綱目一檄書之何哉公僭能正名仗義若湯之伐桀武之伐紂沛公之誅無道秦綱目亦必有以處此矣惜乎兵以義起乃止于尊隋而不能爲討罪之舉君子雖欲異之何可得也況設詐罔衆殺人以利己乎

隋煬帝大業十三年

六月

李淵遣世子建成及世民擊西河郡拔之斬郡丞高德儒

李淵自稱大將軍開府置官屬

李密復取回洛倉

秋七月

李淵引兵至霍邑代王侑遣郎將宋老生將軍屈突通將兵拒之

霍邑屬平陽郡今平陽府

薛舉自稱秦帝徙據天水

八月

李淵與宋

九月

老生戰斬之遂取霍邑

李淵克臨汾絳郡劉文靜以突厥兵至遂下韓城

李淵濟河遣建成守潼關世民徇渭北柴紹妻李氏及李神通段綸各起兵以應李淵關中羣盜悉降于淵

李密遣徐世勣取黎陽倉

王世充救東都合擊李密于洛口

冬十月

神通淵之從弟亦在長安亡入鄠縣山中與大俠史萬寶等起兵應淵李氏又使其奴馬三寶説何潘仁李仲文向善志俱帥衆從之段綸淵之女婿亦于藍田得萬餘人各遣使迎淵

李淵合諸軍圍長安

隋煬帝大業十三年

王世充及李密戰于洛北敗績

蕭銑起兵巴陵自稱梁王

銑巖之孫梁室之後爲羅川令巴陵

十一月

李淵立代王侑爲皇帝尊帝爲太上皇
侑年十三

李淵克長安殺留守官陰世師等十餘人

淵自爲大

王世充與李密戰于石子河敗績

李密誘翟讓殺之

校尉董景珍等與旅帥徐德基等謀據郡叛隋推銑爲主自稱梁王

十二月		
丞相封唐王建成爲唐王世子世民爲秦公元吉爲齊公	唐王淵追諡其大父爲景王考爲元王夫人竇氏爲穆妃屈突通降唐唐遣通招諭君素不下	隋煬帝大業十三年 無統
	蕭銑收豫章林士弘退保餘干	
	世充襲李密敗績	
	薛舉侵扶風遣秦公世民擊敗之	
	蕭銑收豫章	

戊寅

無統

隋恭帝侑義寧二年

恭帝侗皇泰初年

唐高祖李淵武德元年

是歲隋煬帝廣恭帝侑亡

春正月

唐王淵自加殊禮

唐公以義兵取天下而亦襲近世篡奪之跡者何也惟其始也名義不正故其終焉之弊必至於此自為大丞相自加殊禮自為相國唐公雖欲曲為之說何可得也惜哉

唐遣世子建成

夏竇建德號五鳳

魏李密是歲亡

朱粲稱楚王號昌達

薛舉稱秦帝是歲亡

李軌據涼州稱涼王號安樂

李軌任俠西遏薛舉起兵金城軌與同郡曹珍等謀曰薛舉必來侵暴郡官庸

三月

四月

秦公世民救東都以齊王元吉爲太原道行軍元帥

怯吾輩豈可東手不如相與幷力拒保據河右以待天下之變衆卽推軌爲主

隋宇文化及弒其君廣于江都立秦王浩 齊王暕蜀王秀趙王杲皆被殺唯秦王浩素與智及往來化及立之爲帝

唐王淵自爲相國加九錫

宇文化及發江都至彭城魏公密拒之化及引兵入東都

無統

梁王銑稱皇帝 蕭銑卽帝位徙

五月

唐王淵稱皇帝
漢取天下皆以兵高祖此書漢皇帝稱之位皆卽其書唐何以不帝之討唐賊兵皇帝稱也以名

隋帝
越王侗稱皇帝
昭烈之立書侗卽皇帝位煬帝孫也位煬嫡孫而後卽皇帝煬書稱父皇則何則其子孫弑煬則賊也

都督江陵使張繡領南東自九江西抵三峽南盡交阯北距漢川皆有銑之勝兵四十萬餘

六月

豈得與昭烈比哉綱目立書稱皇帝弑書隋主列國之也

唐以趙公世民爲尚書令裴寂爲右僕射知政事劉文靜爲納言蕭瑀爲內史令

唐立四親廟

唐更世子建成爲太子世民爲秦王元吉爲齊王

謹按凡例立太子非正統則不書是年天下凡十二國唐雖稱帝無統之時也本不應書特書以備唐事而已後立太宗時已并天下得正統也

無統

魏公密敗宇文化及于黎陽奉表降隋

秋七月

唐以永安王孝恭爲陝州總管

唐廢隋帝侑爲酅國公而選用其宗室

侑原不宜立而立也然既立之而又廢之唐之罪也故雖夷隋列國而於侑特書帝焉

長樂王建德定都樂壽

樂壽河間獻縣地

魏公密如東都不至而復

密降隋後每戰勝必告捷于隋隋人皆喜獨王世充不然故隋以王

秋八月

唐以李軌爲涼王

隋人葬煬帝于江都

隋宇文化及弑秦王浩自稱許帝

世充爲僕射不至東都而復

魏公密與隋戰大敗遂以其衆降唐

秦王舉卒子仁杲立

唐立李軌爲涼王

唐主欲與軌共圖秦隴故認爲從弟冊拜爲涼王

冬十月

唐以李密爲邢國公

唐以淮安王神通爲山東安撫

唐以李密爲光祿卿邢國公

大使 隋以王世充爲太尉	十一月 徐世勣降唐賜姓李氏 唐斬薛仁杲於市 唐以秦王世民爲陝西大行臺 唐以羅藝爲幽州總管 宇文化及遣使招藝藝曰我隋臣也斬其使爲煬帝發喪臨三日竇建德高開道各招之藝曰二子皆劇賊耳唐公乃吾主也遂奉表降唐唐賜姓李
	夏王建德取深冀易定等州
朱粲自稱楚帝	李密叛唐行軍總管盛彥師討斬之
	涼王軌稱帝 唐秦王世民破秦兵圍折摭秦主仁杲出降 唐斬薛仁杲于市 高開道據漁陽自稱燕王

無統

己卯

隋恭帝侗皇泰二年

唐武德二年

楚粲是歲降唐以為楚王

鄭王王世充號開明

涼李軌亡

沈法興稱梁王號延康

李子通稱吳王號明政

春二月

隋東海北海東平須昌淮南諸郡皆降於唐

夏王建德破宇文化及於聊城

王世充自稱鄭王加九錫

夏四月

夏王建德立隋楊政道

楚王朱粲殺唐使者奔

定楊可汗武周圍唐幷

唐遣安興貴襲執涼主

爲鄭公政道隋齊王暕遺腹子

東都王世充鄭王世充稱帝

州取榆次

軌以歸殺之河西平與貴卽軌將安修仁之弟也

五月

王世充弒隋主侗諡曰恭皇帝

秋七月

鄭將羅士信降唐

八月

唐鄴公卒謹按凡例失尊曰卒注云如周赧漢獻之類隋恭爲鄴公則亦曹奐之類矣

夏王建德取唐邢滄洛相州

梁王師都以突厥寇延州唐總管段德操擊破之

九月

唐殺其民部尚書劉文靜杜伏威降唐唐以爲和州總管唐以李綱爲太子少保

定楊可汗武周取幷州齊王元吉奔長安

沈法興稱梁王於昆陵李子通稱吳帝于江都

沈法興稱梁都毘陵專尚威刑甚下離怨時杜伏威據歷陽陳稜據江都李子通據海陵俱有窺江表之心子通攻江都克之稜奔伏威子通

梁王銑侵唐峽州刺史許紹擊破之

無統

冬十月

入江都即帝位國號吳

夏建德克唐黎陽虜淮安王神通李世勣降遂定衞滑齊兗等州十一月夏人克新鄉虜其將劉黑闥李世勣之詣建德降也以其父蓋爲所虜

鄭王世充徇地至滑臺廣汴亳州降之

無統

庚辰	
唐武德三	
	也常欲歸唐恐禍及其父因先立効以取信劉黑闥漳南人少驍勇素與建德善後事王世充常竊笑其所爲世勣擊新鄉虜其將劉黑闥建德由是親之
定楊亡	
梁法興亡	

御批：唐高祖惑於誕妄之言，遂以老子爲祖而爲之立廟，至高宗明皇復恢張其說，崇信不疑，何所見耶

年										
春正月	突厥立楊政道爲隋王居定襄			李世勣復歸于唐						突厥立楊政道爲隋王
夏四月	唐秦王世民擊定楊將宋金剛破之定楊可汗及金剛皆走死					定楊可汗武周走死				
五月	唐立老子廟									
秋七月	唐遣秦王世民督諸軍伐鄭									
九月	鄭顯州總管田瓚以二十五州降唐				鄭田瓚以二十五州降唐					
冬十月					鄭遣使如夏乞			高開道遣使降		

辛巳

十二月

唐武德四

并楚梁師都凡三國

鄭許亳十一州降唐

夏竇建德

鄭王世充

鄭許亳等十一州降唐

師

吳王李子

吳主子通敗梁兵取京口杜伏威擊之子通敗走襲梁梁王法與走死

唐

唐以爲蔚州總管封北平郡王賜姓李氏

梁蕭銑亡

無統

年

春二月

秦王世民敗鄭王世充於穀水進圍洛陽

三月

秋七月

唐秦王世民至長安獻俘於太廟赦王世充斬竇建德

亡

夏王建德將兵救鄭五月唐秦王世民大破擒之鄭王世充降

竇建德故將劉黑闥起兵漳南

亡

鄭王世充與唐戰于穀水敗績

鄭王世充降唐

通 亡

無統

唐初行開元通寶錢

冬十月

唐以秦王世民爲天策上將遣趙郡王孝恭李靖伐梁梁主蕭銑降

梁主蕭銑降

蕭銑故梁王子欲復先業非唐叛臣唐師伐之又以百姓不忍固守而降然則唐初割據之主銑最無罪高祖誅之淫刑甚矣

十一月

杜伏威擊李子通執送

長安

高開道叛唐自稱燕王

高開道前因幽州總管李藝遣使降唐矣至是幽州饑藝告糴於開道許之藝發三千人車數百乘驢馬千匹往受粟開道悉留之告絕於藝復稱燕王與劉黑闥相結

無統

十二月

唐命秦王世民齊王元吉擊劉黑闥

壬午

唐武德五年

楚林士弘亡

劉黑闥稱漢東王號天造

春三月

秦王世民破劉黑闥於洺水黑闥奔突厥

劉黑闥奔突厥

夏六月

劉黑闥

癸未

	秋七月	冬十月	十一月
唐武	杜伏威入朝於唐隋漢陽太守馮盎降唐以爲高羅春白崖儋林振八州總管嶺南悉平		遣太子建成擊劉黑闥太子建成兵至昌樂劉黑闥亡走昌樂大名府
		楚王林士弘卒其衆遂散	
漢東	引突厥寇山東		劉黑闥亡走
	李子通叛唐伏誅		

無統

春正月	二月	三月
德六年	平陽公主薨 與義兵輔成大業故不與常婦人比 幽州總管李藝入朝於唐	梁將賀遂索同
劉黑闥亡 漢東將諸葛德威執其君劉黑闥降唐唐斬之 送諸太子斬於洺州		

以十二州降唐

秋八月淮南道行臺僕射輔公祏反

輔公祏稱宋帝號天明

公祏與杜伏威友善軍中謂之伯父畏敬與伏威等伏威浸忌之欲奪其兵權公祏

無統

知之陽爲學道辟穀以自晦及伏威入朝留公祏守丹陽乃詐稱伏威貽書令其起兵尋稱帝于丹陽國號宋

歷代統紀表卷之八

西元二〇二〇年四月一日重製一版

歷代統紀表 冊二(清段長基撰)

平裝四冊基本定價參仟參佰元正
(郵運匯費另加)

發行人 張 敏 君
發行處 中 華 書 局
臺北市內湖區舊宗路二段一八一巷八號五樓(5FL., No. 8, Lane 181, JIOU-TZUNG Rd., Sec 2, NEI HU, TAIPEI, 11494, TAIWAN)
客服電話:886-2-8797-8396
公司傳真:886-2-8797-8909
匯款帳戶:華南商業銀行西湖分行
179100026931
印刷:維中科技有限公司
海瑞印刷品有限公司

No N1019-2

國家圖書館出版品預行編目(CIP)資料

歷代統紀表 / (清)段長基. -- 重製一版. -- 臺北
市 : 中華書局, 2020.04
冊 ;   公分
ISBN 978-986-5512-03-3(全套 : 平裝)

1.中國史 2.年表

610.5   109003700